OFFICE 2000
MICRO-RÉFÉRENCE

POUR
LES NULS

Doug Lowe

SYBEX

Paris . Alameda . Düsseldorf . Soest . Londres

Les produits mentionnés dans ce manuel peuvent être des marques déposées, toutes ces marques sont reconnues.

Pour les Nuls est une marque déposée de International Data Group
For Dummies est une marque déposée de International Data Group

Traduction : Spectrobyte

Sybex n'est lié à aucun constructeur.

Tous les efforts ont été faits pour fournir dans ce livre une information complète et exacte. Néanmoins, Sybex n'assume de responsabilités, ni pour son utilisation ni pour les contrefaçons de brevets ou atteintes aux droits de tierces personnes qui pourraient résulter de cette utilisation.

Copyright © 1999 IDG Books Worldwide, Inc.
Original English language edition text and arts Copyright © 1999 IDG Books Worldwide, Inc.
All rights reserved including the right of reproduction in whole or in part in any form.
This edition published by arrangement with the original publisher, IDG Books Worldwide, Inc., San Mateo, California, USA.

Copyright © 1999 Sybex

Tous droits réservés. Toute reproduction, même partielle, par quelque procédé que ce soit, est interdite sans autorisation préalable. Une copie par xérographie, photographie, film, bande magnétique ou autre, constitue une contrefaçon passible des peines prévues par la loi sur la protection des droits d'auteur.

ISBN 2-7361-3382-X
(Version originale 0-7645-0453-3)

Sommaire

Introduction

Bienvenue dans *Office 2000 pour Windows pour les Nuls Micro-référence*.

Vous avez entre les mains le guide idéal pour tous ceux qui utilisent la suite logicielle Office, mais qui considèrent qu'il y a une vie en dehors des applications qu'elle propose et dont il faut aussi savoir profiter.

A propos de cet ouvrage

En le lisant, vous n'apprendrez pas à utiliser Microsoft Office 2000 ni aucun de ses composants. Pour une approche globale de cet intégré, consultez *Microsoft Office 2000 pour Windows pour les Nuls*. Pour une approche de chacune des applications d'Office 2000, achetez *Word 2000 pour Windows pour les Nuls, Excel 2000 pour Windows pour les Nuls, PowerPoint 2000 pour Windows pour les Nuls, Access 2000 pour Windows pour les Nuls* et *Publisher 2000 pour Windows pour les Nuls,* tous parus aux Éditions Sybex.

Ce livre est destiné à ceux qui n'ont pas de temps à perdre, qui connaissent les possibilités des programmes, mais ont temporairement oublié la procédure d'exécution de telle ou telle fonction, comme effectuer un publipostage depuis Word 2000 mais en utilisant les informations d'une base de données d'Access 2000 ; ou encore qui souhaitent trouver une réponse à leur question en moins de 30 secondes.

Comment utiliser ce livre

Gardez votre précieux outil à portée de main, et si vous n'êtes pas certain de réussir à 100 % ce que vous désirez entreprendre, lâchez votre souris pour jeter un oeil sur les pages de cet ouvrage.

Le meilleur moyen de l'utiliser consiste à se reporter à l'index. Vous y localisez le mot clef de votre action. Il vous renvoie immanquablement à la bonne rubrique et aux pages adéquates.

Structure

Neuf parties vous sont proposées :

Première partie : Faire connaissance avec Microsoft Office 2000. Brève introduction sur les différents programmes composant la suite logicielle Office 2000.

Deuxième partie :Découvrir les fonctions communes. Reprend plusieurs fonctions communes à toutes les applications d'Office 97, telles qu'ouvrir et fermer des fichiers, demander l'aide de Compagnon Office, etc.

Troisième partie : Word 2000 Traite, étape par étape, de l'utilisation du traitement de texte le plus convoité au monde.

Quatrième partie :Excel 2000. La référence en matière de tableur. Cette partie vous présente les fonctions les plus communément utilisées.

Cinquième partie :PowerPoint 2000. Présente ce puissant outil de PréAO, qui permet de créer des diaporamas visualisables sur votre moniteur, imprimés sur des transparents ou projetés sur un écran.

Sixième partie :Access 2000. Si vous possédez l'édition professionnelle de Microsoft Office 97, cette partie vous renseignera sur les possibilités du top des programmes de base de données.

Septième partie :Outlook 2000. Voici une nouveauté qui vous permet de gérer vos rendez-vous, d'organiser vos adresses et vos e-mail (messages transmis par courrier électronique).

Huitième partie : Publisher 2000 Publisher est le logiciel de mise en page de Microsoft ; il vous permet de créer toutes sortes de documents à l'allure professionnelle (lettres, posters, dépliants, brochures…).

Neuvième partie : Réaliser des tâches complexes. Cette dernière partie vous fait découvrir des aspects plus évolués des programmes de la suite, comme la technologie OLE, les liens hypertextes ou les macros.

Icônes

Voici en quoi elles vous renseignent :

Un danger vous guette ! Vous risquez d'endommager vos fichiers, votre système ou vous-même.

Astuce qui vous fera gagner du temps.

Vous indique la méthode la plus rapide pour exécuter une tâche.

Quand quelque chose ne fonctionne pas comme vous le souhaitez, la raison vous en sera donnée par cette icône.

Met le doigt sur une spécificité d'Office 2000 et des programmes qui le constituent.

Facilite l'exécution d'une action grâce à la souris IntelliMouse et son fameux bouton-roulette.

Vous indique où trouver des informations plus détaillées… dans un autre ouvrage *pour les Nuls*.

Conventions

La façon dont certains textes sont imprimés vous renseigne sur ce que vous devez faire. Par exemple, un raccourci clavier sera indiqué de la manière suivante :

```
Ctrl+Z
```

ce qui signifie que vous devez maintenir enfoncée la touche Ctrl de votre clavier, et presser la touche Z. Vous n'avez pas à presser la touche +.

L'exécution d'une commande via un menu se présente de la façon suivante :

```
Fichier/Ouvrir
```

Cela veut dire que vous devez dérouler le menu Fichier et sélectionner ensuite la commande Ouvrir. Les lettres soulignées sont des raccourcis pour éviter d'utiliser la souris. Ainsi, si vous pressez la touche Alt, puis la touche correspondant à la lettre soulignée, l'action s'effectue comme si vous utilisiez la souris. Alt + F aura pour effet de dérouler le menu Fichier.

Tout ce qui apparaît en caractères gras après le mot tapez (ou taper), eh bien, doit être tapé au clavier. Ainsi :

```
Tapez b:Setup dans la boîte de dialogue Exécuter.
```

Tapez le texte gras exactement comme il apparaît ; attention : les espaces entre les mots sont importants.

Partie 1

Faire connaissance avec Microsoft Office 2000

Une chose est sûre : vous avez cassé votre tirelire pour vous offrir Microsoft Office 2000. Vous devez donc y trouver le meilleur des traitements de texte, des tableurs, des programmes de présentation et de bases de données.

Cette partie vous propose une vue d'ensemble des composantes d'Office 2000 vous donnant ainsi une idée de la puissance de votre investissement.

Dans cette partie...

✔ Ce que réalise chaque application d'Office 2000.

Survol des possibilités de chaque programme

La version standard d'Office 2000 propose quatre programmes : Word 2000, Excel 2000, PowerPoint 2000 et Outlook 2000. La version professionnelle y ajoute Access 2000 et Publisher 2000.

Word 2000

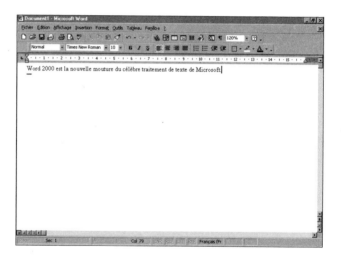

Voici un des traitements de texte les plus performants du marché. Il vous permet de créer toutes sortes de documents, depuis une simple lettre jusqu'à un livre complet, en passant par des rapports, des brochures, des dépliants dont la mise en page relève davantage des logiciels de PAO que du simple traitement de texte.

Voir : Pour plus de détails sur Word 2000, consultez la troisième partie de ce livre.

Excel 2000

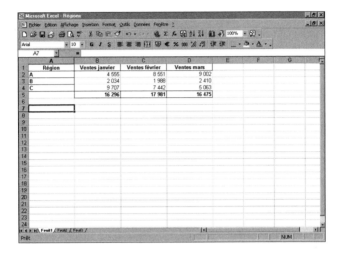

Excel 2000 est un tableur. Il est l'expert comptable d'Office 2000. Tous les calculs financiers vous sont désormais possibles (vous pouvez déjà faire des calculs prévisionnels de votre future retraite… par les temps qui courent, on n'est jamais trop prudent). Comme bien des tableurs de sa catégorie, Excel 97 présente ses données dans une gigantesque table composée de lignes et de colonnes. L'intersection d'une ligne et d'une colonne forme une *cellule*. Vous y stockez du texte, des chiffres ou des formules (fonctions) qui calculent des résultats basés sur le contenu d'autres cellules.

Voir : Excel 2000 est traité en détail dans la quatrième partie de cet ouvrage.

PowerPoint 2000

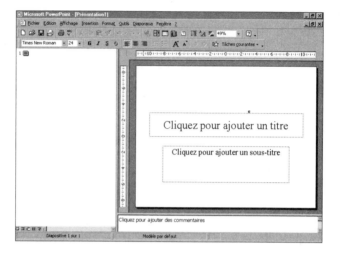

Ce programme apparaît souvent comme la partie congrue d'Office 2000, car les utilisateurs n'utilisent guère que Word et Excel. Acheter Office revient moins cher qu'acheter ces deux programmes séparément. Ainsi, les gens se retrouvent avec des logiciels supplémentaires, sorte de bonus dont ils ne font souvent pas grand-chose.

Pour ceux qui ne le savent pas, PowerPoint 2000 est un logiciel de PréAO, c'est-à-dire de Présentation Assistée par Ordinateur. Cette présentation pourra être interactive si elle est diffusée sur PowerPoint 2000, ou de type diaporama si elle est diffusée par la visionneuse PowerPoint. Cette diffusion pourra être faite sur le moniteur d'un ordinateur. Une autre possibilité consiste à imprimer les diapositives sur des transparents pour une projection sur grand écran devant un public ébahi. PowerPoint 2000 se révélera un outil idéal et convivial pour mettre en valeur votre société, de manière pertinente et originale.

Les fichiers créés avec PowerPoint 2000 sont publiables sur Internet.

Voir : Vous en saurez davantage en consultant la cinquième partie du présent ouvrage.

Access 2000

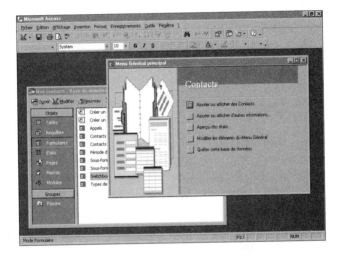

Ce programme n'est disponible que dans la version professionnelle d'Office 2000. Il s'agit d'un logiciel de bases de données, équivalent à toutes les boîtes à chaussures dans lesquelles vous empilez vos paperasseries. Mais le grand avantage d'Access 2000 est qu'il garde vos affaires parfaitement ordonnées, qu'il peut imprimer des états de vos données sous forme de liste ou de synthèse, sans vous embarrasser d'une tonne de papiers. Par contre, Access 2000 est beaucoup plus difficile à manipuler qu'une boîte à chaussures. De tous les programmes Office, c'est sans doute le plus difficile à domestiquer. N'utilisez Access que si vous avez la ferme intention de construire une véritable base de données. Si vous n'envisagez que de faire du courrier et du publipostage à partir d'une liste d'adresses, Word 2000 fera l'affaire. Mais si vous avez d'autres données à traiter (liste de vos CD ou de vos livres, bons de commande, prestations du personnel...), Access 2000 est imbattable.

Access 2000 vous offre la possibilité de publier vos bases de données sur le Web.

Voir : La sixième partie de ce livre vous livrera une partie des secrets d'Access 2000.

Outlook 2000

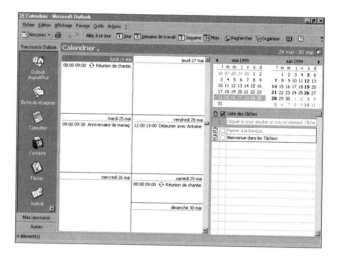

Outlook est l'équivalent informatique de votre agenda/ carnet d'adresses. Il s'agit donc d'un programme de gestion du temps qui vous permet de gérer votre agenda, de prévoir des rendez-vous, de constituer des listes de choses à faire et de stocker les coordonnées de vos principaux contacts. Mais Outlook va plus loin encore : grâce à ses fonctions de messagerie électronique, il vous permet d'envoyer et de recevoir des e-mails via Internet, via le réseau de votre entreprise ou via un quelconque service en ligne.

Voir : Tout ce que vous devez savoir sur Outlook est traité dans la septième partie de cet ouvrage.

Publisher 2000

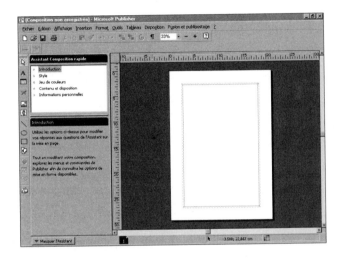

C'est le programme de mise en page de Microsoft, disponible dans la version Premium d'Office 2000. Il est capable de composer toutes sortes de documents, depuis des brochures simple page jusqu'aux lettres d'informations comportant, notamment, des photographies couleurs.

Il est livré avec des modèles prêts à l'emploi, proposant pratiquement tous les types de documents imaginables. Choisissez un modèle, puis personnalisez-le selon vos besoins.

Voir : La huitième partie de cet ouvrage est consacrée à Publisher 2000.

Partie 2

Découvrir les fonctions communes

Cette partie décrit les fonctions communes à tous les programmes de la suite Office 2000. Certaines sont élémentaires ; d'autres sont plus complexes. Dans tous les cas, elles s'implémentent de manière identique dans les différents logiciels de la suite.

Dans cette partie...

✔ Créer un document.

✔ Enregistrer un document en tant que page Web.

✔ Enregistrer un document sous un autre nom.

✔ Envoyer un document par e-mail.

✔ Lancer et quitter un programme Office ; passer d'un programme à un autre.

✔ Obtenir de l'aide.

✔ Ouvrir et fermer des documents.

✔ Utiliser des raccourcis clavier.

✔ Utiliser la barre d'outils Web

✔ Utiliser la souris IntelliMouse.

✔ Utiliser le Presse-papiers pour couper, copier et coller.

✔ Vérifier l'orthographe.

Créer un document

Plusieurs possibilités existent pour la création d'un document, que ce soit dans Word 2000, Excel 2000, Access 20000 ou PowerPoint 2000 :

- **Choisir Fichier/Nouveau.** La boîte de dialogue Nouveau surgit, avec son lot de modèles qui peuvent servir de base à la conception d'un document plus personnel.

- **Cliquez sur le bouton Nouveau de la barre d'outils Standard.** Vous évitez alors la boîte de dialogue Nouveau et créez d'emblée un document vierge.

- **Pressez Ctrl+N.** Cette combinaison de touches crée également un document vierge sans transiter par la boîte de dialogue Nouveau.

Il est impossible, dans Access, de créer un nouveau document vide. Dans tous les cas, une fenêtre Nouveau s'affiche lorsque vous choisissez Fichier/Nouvelle base de données, qui dresse la liste des modèles et des options disponibles. Vous pouvez, malgré tout, activer l'onglet Général et y sélectionner l'option Base de données de manière à créer une base de données vierge que vous constituerez à votre guise.

Enregistrer un document en tant que page Web

Les documents Web sont enregistrés dans un format particulier, appelé *HTML*. HTML est un langage machine qui permet de créer des documents publiables sur le Web. Tous les programmes Office 2000 sont capables de sauvegarder votre travail dans ce format propre à Internet.

Pour effectuer une telle sauvegarde depuis Word, Excel ou PowerPoint, tout ce que vous avez à faire, c'est de choisir Fichier/Enregistrer en tant que Page Web. Cette commande ouvre la boîte de dialogue Enregistrer sous, spécialement configurée pour ce type de sauvegarde. Désignez le dossier où la page doit être stockée, puis cliquez sur Enregistrer. Vous pourrez, par la suite, charger la page sur votre serveur.

Dans Access, la procédure n'est pas aussi simple, bien qu'elle soit moins complexe qu'elle ne le fut par le passé :

1. **Ouvrez le document à convertir.**

2. **Choisissez Fichier/Exporter.**

3. **Dans la boîte de dialogue Exporter vers, déroulez le menu local Type de fichier.**

4. **Sélectionnez, dans cette liste, l'option Documents HTML.**

5. **Désignez, comme d'habitude, l'endroit où le fichier doit être sauvegardé.**

6. **Cliquez sur Enregistrer tout.**

Lorsque vous cliquez sur ce bouton, une fenêtre intitulée Paramètres par défaut pour... s'affiche. Vous pouvez y désigner un modèle pour votre document HTML. Cette fonctionnalité sort du cadre de cet ouvrage ; sachez toutefois que vous avez le choix entre un modèle Office et un modèle que vous avez vous-même ajouté au système. Si vous cliquez sur OK tout en ayant laissé vide le champ Modèle HTML, votre fichier sera enregistré sous la forme d'un document HTML, mais sans modèle particulier.

Enregistrer un document sous un autre nom

Il est possible d'enregistrer une copie de votre fichier. Il suffit pour cela de l'enregistrer sous un autre nom. Voici comment procéder :

1. **Choisissez Fichier/Enregistrer sous.**

   La boîte de dialogue du même nom apparaît.

2. **Utilisez la zone Enregistrer dans pour désigner la destination de stockage de votre fichier.**

   Si vous avez besoin de créer un nouveau dossier pour y stocker votre fichier, cliquez sur le bouton Créer un dossier.

3. **Dans la boîte de texte Nom de fichier, entrez le nouveau nom du fichier.**

4. **Cliquez sur le bouton Enregistrer.**

Envoyer un document par un e-mail

 Si votre ordinateur est connecté à un réseau ou à Internet, vous pouvez envoyer une copie de votre travail en utilisant un e-mail comme suit :

1. **Choisissez Fichier/Envoyer vers/Destinataire du message (en tant que pièce jointe).**

   Si le programme vous demande d'indiquer un profil utilisateur, choisissez celui que vous utilisez habituellement pour envoyer et recevoir des e-mails. Si plusieurs personnes utilisent le même ordinateur, chacune d'elles dispose probablement d'un profil spécifique.

2. **Vous pouvez introduire n'importe quelle adresse e-mail dans la case A:. Vous pouvez aussi cliquer sur le bouton A: pour ouvrir votre Carnet d'adresses e-mail qui, normalement, regroupe les coordonnées des personnes avec lesquelles vous correspondez régulièrement.**

3. **Choisissez votre destinataire, puis cliquez sur le bouton OK de la boîte de dialogue Carnet d'adresses.**

4. **Cliquez sur le bouton Envoi pour envoyer le message.**

Fermer un document

 Utilisez la commande Fichier/Fermer ou le raccourci clavier Ctrl+W, ou encore cliquez dans la case de fermeture de la fenêtre, dans l'angle supérieur droit.

 En haut à droite se trouvent deux cases de fermeture. Celle d'en haut ferme le *programme* ; celle d'en bas ferme le *document*.

 Il n'est pas nécessaire de fermer un fichier avant de quitter le programme, ce dernier s'en charge pour vous. Cependant, si vous commencez à travailler sur un nouveau document d'un même programme, il est judicieux de fermer tous les fichiers ouverts qui ne vous sont pas utiles afin de préserver votre mémoire vive (RAM), et pouvoir travailler plus rapidement.

Si vous fermez un fichier avant d'enregistrer les dernières modifications apportées, une boîte de dialogue vous demande si vous souhaitez enregistrer votre document. Dans la majorité des cas, vous répondrez Oui.

En fermant l'unique fichier que vous aviez ouvert, vous observez que certaines commandes du programme sont devenues inaccessibles (elles apparaissent grisées). Ne vous affolez pas. Ouvrez ou créez un nouveau fichier et les commandes reprennent du service.

Imprimer un document

1. **Vérifiez si l'imprimante est sous tension.**

2. **Ouvrez la boîte de dialogue Imprimer via Fichier/ Imprimer ou Ctrl+P.**

Vous pourrez choisir les pages spécifiques à imprimer, l'orientation de l'impression (portrait ou paysage) ainsi que le nombre de copies souhaités.

Pour imprimer un seul exemplaire d'un document, cliquez sur le bouton imprimer de la barre d'outils Standard.

Lancer un programme

Voici la procédure à suivre pour lancer un programme Office 2000 :

1. **Allumez votre ordinateur.**

Selon votre configuration, Windows peut mettre un certain temps avant d'afficher le Bureau.

2. **Cliquez sur le bouton Démarrer de la barre des tâches.**

Ce bouton est normalement situé en bas à gauche de votre écran. S'il n'est pas visible, déplacez la souris le long des bords de votre écran pour faire apparaître la barre des tâches.

Une fois ce bouton cliqué, son menu se déroule.

3. **Pointez sur Programmes.**

4. **Choisissez le programme à démarrer, et cliquez sur son icône.**

Vous pouvez placer des raccourcis correspondant aux programmes que vous utilisez le plus souvent, soit au niveau 1 du menu Démarrer, soit sur votre bureau. Pour ce faire, ouvrez le menu Démarrer, localisez le programme pour lequel vous souhaitez prévoir un raccourci, cliquez sur son nom et maintenez enfoncé le bouton de la souris avant de faire glisser vers l'endroit souhaité. (Pour placer le raccourci au sommet du menu Démarrer, opérez le glissement vers la zone du menu Démarrer située au-dessus de Programmes ; pour le placer sur le bureau, glissez vers cette zone.) Il suffit, par la suite, de cliquer sur cette icône pour lancer le programme.

Obtenir de l'aide

Perdu dans les ténèbres d'Office 2000 et convaincu de ne pouvoir s'en sortir ? Vous avez de la chance ! Tous les programmes Office 2000 dispose d'un excellent système d'aide qui peut donner une réponse à la majorité des questions que vous vous posez.

Voici plusieurs méthodes pour obtenir de l'aide :

- La touche universelle d'aide est F1. Pressez F1 n'importe quand pour lancer Compagnon Office. Si vous l'avez désactivé, c'est l'aide classique qui vous est proposée.

- Si vous n'avez pas désactivé le Compagnon Office et pressez F1 pendant l'exécution d'une tâche, celui-ci tente de voir où vous en êtes et cherche à vous fournir immédiatement l'assistance requise.

- La commande ? (Aide) de la barre des menus ouvre le Compagnon Office ou le fichier d'aide traditionnel.

- Vous pouvez obtenir de l'aide en cliquant sur le bouton représentant un point d'interrogation dans toutes les zones de dialogue qui en sont équipées. Votre pointeur se dote alors lui-même d'un point d'interrogation avec lequel vous pouvez cliquer sur l'option à commenter.

- En cliquant sur le bouton Aide sur Microsoft *nom du programme*, vous mettez le Compagnon Office en service.

- L'aide la plus directe consiste à choisir ? (Aide)/Qu'est-ce que c'est ? et à cliquer ensuite sur l'élément à propos duquel vous souhaitez obtenir des informations.

Détecter et réparer

Vos programmes ne sont pas à l'abri de défaillances. C'est la raison pour laquelle Microsoft a prévu une commande intitulée "Détecter et réparer".

En fait, il s'agit là d'une fonctionnalité Windows 98 ; vous ne pourrez donc pas en profiter si vous exploitez Office 2000 sous Windows 95.

Sinon, sachez que cet outil examine votre application et, si nécessaire, la traite en quelques secondes seulement. Elle comporte en outre une fonctionnalité grâce à laquelle vous pouvez mémoriser vos réglages.

Pour accéder à la commande Détecter et réparer :

1. **Ouvrez le programme Office à traiter.**
2. **Choisissez ? (Aide)/Détecter et réparer.**

   La boîte de dialogue Détecter et réparer s'affiche.

3. **Assurez-vous que l'option Restaurer les raccourcis pendant la réparation est active.**
4. **Cliquez sur Démarrer.**

   Après quelques secondes, le système exige que vous introduisiez le disque d'installation d'Office 2000.

5. **Introduisez ce CD, puis cliquez sur OK.**

   Windows commence à examiner le programme. Selon la rapidité de votre système, l'opération prend plus ou moins de temps.

Lorsqu'elle prend fin, une fenêtre s'affiche qui vous engage à faire redémarrer votre ordinateur afin que les modifications prennent effet.

6. Cliquez sur Oui pour redémarrer ou sur Non pour différer l'opération.

Faire appel au Compagnon Office

Le Compagnon Office est un petit ami qui vit dans sa propre fenêtre. Il observe tous vos faits et gestes et, lorsqu'il le peut, il vous fait des suggestions pertinentes pour effectuer plus efficacement une tâche.

Si le Compagnon Office n'est pas présent, cliquez sur le bouton représentant une bulle de BD avec un point d'interrogation à l'intérieur. Pour lui poser une question, cliquez n'importe où sur sa fenêtre. Une bulle apparaît comme le montre l'illustration ci-dessous :

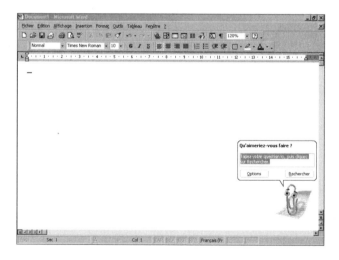

Posez votre question en quelques mots simples, comme **liste à puces**, puis cliquez sur le bouton Rechercher. Le Compagnon Office réfléchit un instant, regroupe tous les éléments pouvant apporter une réponse et vous affiche une liste de suggestions. Cliquez sur celle qui se rapproche le plus de la réponse cherchée.

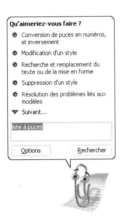

 Vous pouvez changer l'aspect du Compagnon Office. Cliquez sur sa fenêtre avec le bouton droit de la souris. Choisissez Options, puis cliquez sur l'onglet Présentation. Avec des pressions successives sur le bouton Suivant, faites défiler l'ensemble des Compagnons Office disponibles. Choisissez celui qui vous *ressemble* le plus !

 Le comportement du Compagnon Office est paramétrable. Pour ce faire, choisissez Options dans la fenêtre du Compagnon (opérez un clic droit dans sa zone, puis sélectionnez Options dans le menu contextuel) ; activez ensuite l'onglet Options, si nécessaire. Activez ou désactivez les options disponibles de manière à adapter le comportement du Compagnon à vos besoins.

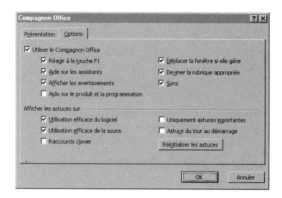

Obtenir de l'aide sur Internet

Vous pouvez obtenir directement de l'aide auprès de Microsoft via le World Wide Web, à condition que votre ordinateur soit équipé pour se connecter à Internet. La meilleure méthode pour obtenir ce type d'aide consiste à choisir ? (Aide)/Microsoft sur le Web ; cette action lance Internet Explorer et ouvre la page d'accueil du programme actif.

Si Internet Explorer vous renvoie un message par lequel le site n'est pas trouvé, c'est que votre fournisseur d'accès utilise un accès distant propriétaire. Dans ce cas, pour utiliser convenablement Internet Explorer, connectez-vous à Internet via votre fournisseur d'accès, admettons AOL. Une fois la connexion établie, réduisez la fenêtre de votre fournisseur, et ouvrez Internet Explorer. Ce dernier vous permettra alors de surfer sur le Web.

Cette page d'aide vous permet de lire des articles concernant le programme utilisé, de consulter les réponses données aux questions les plus fréquemment posées, en un mot, d'effectuer des recherches dans cette immense base de données contenant des milliers de réponses à caractère technique.

Utiliser l'aide traditionnelle

De mon temps, je n'avais pas un Compagnon Office pour me venir en aide. Non monsieur, je devais marcher trois longues heures dans la neige pour obtenir les conseils avisés d'un gourou d'Office ; enfin, c'était il y a longtemps.

Office 2000 vous permet d'utiliser l'ancien système d'aide mis au point par Microsoft. Je vous en rappelle le fonctionnement :

1. **Avant d'accéder à l'aide, vous devez désactiver le Compagnon Office. Pour ce faire, opérez un clic droit dans sa fenêtre, puis choisissez Options ; désactivez l'option Utiliser le Compagnon Office, puis confirmez par OK.**

2. **Choisissez ? (Aide)/Aide sur*nom du programme* ou enfoncez la touche F1.**

Le nom de la commande dépend du programme dans lequel vous vous trouvez.

La fenêtre d'aide s'affiche, comme le montre la figure suivante, représentant Word 2000.

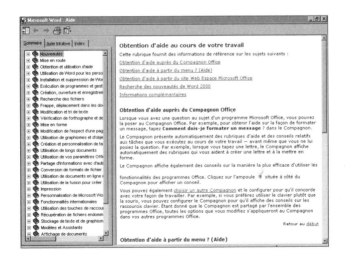

La partie gauche présente trois onglets : Sommaire, Aide intuitive et Index. Chacun de ces onglets vous assure un accès distinct aux informations :

- L'aide intuitive fonctionne comme le Compagnon Office. Sa case "Qu'aimeriez-vous faire ?" vous permet de poser une question. Une fois que vous vous êtes exprimé, cliquez sur Rechercher. Les données s'affichent dans le volet droit.

- Dans l'onglet Sommaire, l'aide est organisée en chapitres, sous-chapitres et sous-sous-chapitres. Sélectionnez un élément du sommaire ; le sous-sommaire s'affiche. Faites de nouveau une sélection, et ainsi de suite jusqu'à ce que les informations souhaitées s'affichent à droite.

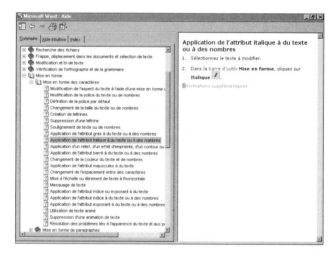

Vous devez, ici, deviner la manière dont le fichier d'aide est organisé. Impossible, en effet, de poser une question. Si vous préférez vous exprimer librement, agissez dans les onglets Aide intuitive ou Index.

- L'index électronique de l'aide fonctionne comme un index classique. Vous pouvez agir ici de deux manières différentes : soit vous tapez un mot clé dans la case intitulée "Tapez des mots clés", soit vous faites un

choix dans la liste "Ou sélectionnez des mots clés".
Cliquez ensuite sur Rechercher. Les rubriques appa-
rentées s'affichent dans la partie inférieure du volet
Index ; faites-y votre choix. Comme dans le cas de
l'aide intuitive et du sommaire, les informations
s'affichent à droite.

Ouvrir un document

Il est probable que vous deviez un jour retravailler sur un
fichier antérieurement enregistré sur votre disque dur.
Voici les quatre façons de trouver et d'ouvrir un fichier :

- Cliquer sur le bouton Ouvrir de la barre d'outils
  Standard.
- Choisir Fichier/Ouvrir.
- Presser Ctrl+O.
- Presser Ctrl+F12.

Chacune de ces méthodes fait apparaître la boîte de
dialogue Ouvrir.

 Si vous avez utilisé ce fichier récemment, il n'est pas nécessaire de transiter par la boîte de dialogue Ouvrir pour y accéder (il n'est pas indispensable que l'application correspondante soit en service). Cliquez sur le bouton Démarrer et choisissez Documents. Dans la liste des 15 documents récemment ouverts, sélectionnez celui que vous souhaitez ouvrir.

Cliquez sur le fichier convoité, puis sur le bouton Ouvrir ou pressez la touche Entrée. Si votre fichier ne figure pas dans la liste, utilisez, pour le localiser, le menu déroulant Regarder dans.

 La méthode la plus rapide pour ouvrir un fichier à partir de la boîte de dialogue Ouvrir consiste à double-cliquer sur son nom.

D'autres boutons importants se trouvent dans la boîte de dialogue Ouvrir. Les voici :

Zone et boutons	Fonction
	Réactive l'emplacement précédemment affiché dans la fenêtre d'ouverture. Si vous maintenez enfoncé le bouton de votre souris tandis que vous cliquez sur cette icône, une fenêtre s'affiche, vous indiquant quel était cet emplacement.

Zone et boutons	*Fonction*
	Vous fait remonter d'un niveau dans la hiérarchie de votre disque dur.
	Lance Internet Explorer pour vous permettre d'opérer une recherche sur le World Wide Web, une solution pratisÂ lorsque vous cherchez une page Web.
	Supprime le fichier ou le dossier sélectionné. Nouveauté d'Office 2000, cette icône vous évite de passer par l'Explorateur Windows lorsque vous souhaitez opérer une suppression.
	Crée un nouveau dossier à l'emplacement courant de la boîte de dialogue Ouvrir.
	La fonction de ce bouton varie selon le contenu actuel de la fenêtre d'ouverture. En mode d'affichage Liste, un clic vous fournit des données relatives à la taille des fichiers, à leur type ainsi qu'à leur date de modification (vous passez, en fait, en mode d'affichage Détails). Si vous sélectionnez un fichier et cliquez de nouveau sur ce bouton, la fenêtre d'ouverture se divise en deux. Le volet de droite vous fournit de plus amples informations relatives au document sélectionné (vous passez, en fait, en mode d'affichage Propriétés). Cliquez sur le même bouton pour la troisième fois et une représentation du document vous est proposée (vous passez, en fait, en mode d'affichage Aperçu). Ce mode est très pratique puisqu'il vous permet de prendre connaissance du contenu du fichier sans l'ouvrir. Cliquez de nouveau sur le bouton et vous rétablissez le mode d'affichage actif par défaut, le mode Liste.
	La flèche située à droite du bouton vous permet d'obtenir la liste des différents modes d'affichage disponibles. Ce menu vous dispense de cliquer sur le bouton à plusieurs reprises pour activer un mode donné. La commande Réorganiser les icônes vous permet de choisir la manière dont vos fichiers se présentent dans la fenêtre d'ouverture.

Zone et boutons	Fonction
Outils ▼	Ce menu regroupe différentes commandes, comme Rechercher, Supprimer, Renommer, Imprimer, Propriétés et Ajouter aux Favoris.
Historique	Affiche les documents que vous avez ouverts récemment, quel que soit leur emplacement.
Mes Documents	Affiche le contenu du dossier Mes Documents.
Bureau	Affiche le contenu du Bureau, notamment les raccourcis que vous y avez placés.
Favoris	Affiche le contenu du dossier Favoris.
Dossiers Web	Affiche le contenu des dossiers Web que vous avez constitués sur votre poste de travail.

 Tous les programmes Office 2000 conservent la trace des derniers fichiers utilisés. Il vous suffit de regarder dans le bas du menu Fichier. Si vous y voyez le nom de votre fichier, cliquez dessus pour l'ouvrir.

 Si vous avez examiné le contenu d'un dossier et n'y avez pas trouvé un fichier qui, vous en êtes convaincu, se trouve bien à cet endroit, déroulez le menu local Type de fichiers. De fait, la fenêtre d'ouverture ne répertorie que les fichiers correspondant au type indiqué dans cette case. En cas de doute, optez pour Tous les fichiers.

Passer d'un programme à un autre

Windows 95 et 98 vous permettent de faire tourner plusieurs programmes simultanément et de passer facilement de l'un à l'autre. Ainsi, vous pouvez lancer Word 2000, PowerPoint 2000 et Excel 2000, puis vous balader parmi eux au moment où vous avez besoin de les utiliser individuellement pour consulter, éditer ou échanger des informations.

Voici comment déambuler de programme en programme :

- **Pressez Alt+Echap :**Vous pouvez accéder directement au second programme démarré. S'il y en a plus de deux, vous devrez presser plusieurs fois cette combinaison pour afficher le programme convoité.

- Pour revenir au programme précédent, pressez Alt+Maj+Echap.

- **Pressez Alt+Tab :**Cette combinaison affiche une petite fenêtre contenant les icônes des programmes actuellement accessibles. Pour passer d'une icône à une autre, maintenez la touche Alt enfoncée et pressez la touche Tab jusqu'à ce que le programme qui vous intéresse soit sélectionné. Ensuite, relâchez les deux touches pour faire apparaître la fenêtre du programme en question.

- **Utilisez la barre des tâches :**Tous les programmes lancés sont représentés sous forme de boutons dans la barre des tâches. Il vous suffit de cliquer sur celui du programme à activer pour que sa fenêtre s'ouvre immédiatement.

  Habituellement, la barre des tâches trône en bas de votre écran. Si vous préférez la positionner ailleurs, faites-la glisser avec le pointeur de la souris soit en haut, soit sur les côtés. Vous pouvez même décider une disparition de la barre des tâches quand elle n'est pas utilisée. Pour vous en servir de nouveau, il suffit de placer le pointeur tout en bas de l'écran (ou à gauche, à droite, en haut, si vous l'avez déplacée). Si vous ne parvenez pas à la faire réapparaître, pressez Ctrl+Echap.

Quitter un programme

Assez de tourments pour aujourd'hui ? Procédez comme suit pour arrêter votre programme :

- Choisissez Fichier/Quitter.

- Cliquez dans la case de fermeture du programme.

- Pressez la combinaison de touches Alt+F4.

N'abandonnez pas le navire sans sauvegarder vos modifications. De toute façon, quelle que soit la méthode utilisée,
une boîte de dialogue vous demandera si vous souhaitez
enregistrer vos dernières modifications.

N'éteignez *jamais* votre ordinateur pendant qu'un programme est ouvert. Cela reviendrait au même que de
verser de l'acide sur votre clavier, ou de rouler sur votre
carte mère avec un camion. Fermez toujours tous les
programmes ouverts *avant* d'éteindre votre machine. De
toute façon, respectez les consignes de Windows 95.
Cliquez sur le bouton Démarrer de la barre des tâches,
choisissez Arrêter, puis activez l'option Arrêter l'ordinateur? et cliquez sur le bouton Oui.

Travailler avec d'anciennes versions d'Office

Les fichiers Office 97 n'étaient pas compatibles avec les
versions antérieures des programmes de la suite. Certes,
les utilisateurs de la nouvelle version pouvaient ouvrir des
fichiers issus des versions plus anciennes, mais celles-ci
étaient incapables de gérer les formatages de la nouvelle
mouture.

Bonne nouvelle : les fichiers produits par Office 2000
peuvent être lus par les versions 97 des programmes
correspondants.

Malheureusement, les versions 95 en sont toujours incapables. Pour adapter le formatage d'un document afin qu'il
puisse être interprété par les versions 95 :

1. **Ouvrez le document à traiter ; enregistrez-le.**

2. **Choisissez Fichier/Enregistrer sous.**

   La boîte de dialogue Enregistrer sous s'affiche.

3. **Dans la partie inférieure de la fenêtre, déroulez le
   menu local Type de fichier.**

4. **Sélectionnez le format souhaité.**

5. **Désignez la destination du fichier.**

6. **Cliquez sur Enregistrer.**

 Si la personne à laquelle vous destinez le fichier exploite une version d'Office antérieure à la version 95 ou n'utilise pas un programme Microsoft, assurez-vous que le nom du fichier que vous lui adressez ne comporte pas d'espace et ne comprend pas plus de 8 caractères.

Utiliser des raccourcis

Les tableaux suivants dressent la liste des différents boutons et raccourcis correspondants, communs à tous les programmes de la suite Office 2000.

Commandes du menu Édition

Bouton de la barre d'outils	Équivalent clavier	Menu et commande
	Ctrl+X	Édition/Couper.
	Ctrl+C	Édition/Copier.
	Ctrl+V	Édition/Coller.

Bouton de la barre d'outils	Équivalent clavier	Menu et commande
	Ctrl+Z	Édition/Annuler.
	Ctrl+Y	Édition/Répéter.
	Ctrl+A	Édition/Sélectionner tout.
	Ctrl+F	Édition/Rechercher.
	Ctrl+H	Édition/Remplacer.

Commandes du menu Fichier

Bouton de la barre d'outils	Équivalent clavier	Menu et commande
	Ctrl+N	Fichier/Nouveau.
	Ctrl+O ou Ctrl+F12	Fichier/Ouvrir.
	Ctrl+S	Fichier/Enregistrer.
	F12	Fichier/Enregistrer sous.
	Ctrl+W	Fichier/Fermer.
	Ctrl+P	Fichier/Imprimer.
	Alt+F4	Fichier/Quitter.

Mise en forme rapide

Bouton de la barre d'outils	Équivalent clavier	Menu et commande
G	Ctrl+G	Gras
I	Ctrl+I	Italique
<u>S</u>	Ctrl+U	Souligné
	Ctrl+Barre d'espacement	Normal

Passage d'un programme à un autre

Raccourci clavier	Effet
Alt+Echap	Ouvre le programme actif suivant.
Alt+Tab	Ouvre une fenêtre contenant les icônes de tous les programmes actifs. Maintenez Alt enfoncée et pressez Tab pour passer à l'icône suivante. Si vous relâchez les deux touches, le programme envahit l'écran et vous pouvez y travailler. Pour revenir au programme précédent, pressez Alt+Tab, puis en maintenant la touche Maj enfoncée, pressez la touche Tab.
Ctrl+Echap	Ouvre le menu Démarrer de la barre des tâches. Pour activer un programme, vous pouvez cliquer sur son bouton présent dans la barre des tâches.

Utiliser la barre d'outils Web

A l'époque héroïque d'Office 97, cette barre d'outils n'était accessible que dans Word. Désormais, elle équipe les quatre programmes principaux de la suite. Elle vous permet d'afficher plus facilement des documents Office unis les uns aux autres par des liens hypertextes et de partir sans contrainte à la découverte du World Wide Web.

Pour y accéder, choisissez Affichage/Barres d'outils/Web. La barre reste affichée tant que vous n'en décidez pas autrement.

Voici les boutons mis ici à votre disposition :

Bouton	*Fonction*
←	Affiche la page précédente.
→	Affiche la page suivante.
✕	Interrompt une procédure de téléchargement.
↺	Actualise le document ou la page HTML.
⌂	Affiche la première page spécifiée dans Internet Explorer 3.0 (qu'on appelle, à tort ou à raison, la page d'accueil).
🔍	Lance une recherche sur le World Wide Web (Internet).
Favoris ▾	Affiche une liste de vos documents ou sites favoris afin d'y accéder en un simple clic. Il vous permet également d'ajouter des documents ou des sites à la liste.

Bouton	Fonction
Aller à ▾	Déroule un menu reprenant les outils de la barre d'outils.
⊡	N'affiche que la barre d'outils Web, ce qui laisse davantage d'espace au document.

Utiliser la souris IntelliMouse

 Si vous possédez la souris IntelliMouse, utilisez le bouton-roulette pour parcourir votre document. Faites tourner la roulette pour un défilement avant-arrière du contenu de votre document, ou cliquez sur ce fameux bouton central pour parcourir votre document en déplaçant directement la souris vers le haut ou le bas. Vous pouvez également opérer un zoom avant ou arrière en maintenant la touche Ctrl enfoncée tandis que vous utilisez le bouton-roulette.

Utiliser le Presse-papiers

Le *Presse-papiers* est un programme qui vous permet de déplacer des données au sein d'un même fichier, entre deux fichiers, voire entre deux programmes. Il fait partie intégrante de Windows, depuis la toute première version de ce système d'exploitation. Les sections suivantes vous expliquent comment utiliser ce Presse-papiers pour copier et déplacer des données.

Copier des données

Le principe consiste à copier des données et à introduire cette copie à un autre endroit. La technique est la même, que le collage se fasse dans le même document, ou dans un autre, voire dans une autre application (copier des données Excel et les coller dans Word, par exemple). Pour copier, procéder comme suit :

1. **Sélectionnez les éléments à copier.**

La technique la plus simple pour sélectionner un texte consiste à cliquer à gauche du premier caractère à sélectionner, à enfoncer le bouton de la souris et à le maintenir dans cette position tout en faisant glisser jusqu'au dernier caractère à inclure dans la sélection. Relâchez alors le bouton de la souris. Cette technique permet de sélectionner des cellules dans Excel.

2. **Choisissez Édition/Copier, enfoncez les touches Ctrl+C, ou cliquez sur le bouton Copier de la barre d'outils Standard.**

La barre d'outils Standard s'affiche, par défaut, dans la partie supérieure de la fenêtre du programme. Si elle n'apparaît pas, choisissez Affichage/Barres d'outils ; cette commande dresse la liste des barres disponibles.

3. **Placez le point d'insertion à l'endroit où les éléments copiés doivent être collés.**

4. **Choisissez Édition/Coller, enfoncez les touches Ctrl+V, ou cliquez sur le bouton Coller de la barre d'outils Standard.**

Glisser-déposer

Le glisser-déposer est une technique qui vous permet de déplacer des données (textes ou images) au sein d'un même document.

Avant de l'exploiter, assurez-vous qu'elle est active. Pour ce faire, choisissez Outils/Options, activez l'onglet Édition, puis validez Glisser-déplacer. (Le nom de l'onglet et l'intitulé de l'option varient parfois d'un programme à l'autre ; ainsi, dans Excel, il s'agit de l'option Glissement-déplacement de la cellule de l'onglet Modification.)

Lorsque la fonction est active, exploitez-la de la manière suivante :

1. **Sélectionnez les éléments à déplacer.**

2. **Cliquez dans la sélection avec le bouton gauche de la souris et maintenez ce bouton enfoncé.**

3. **Faites glisser vers l'emplacement souhaité.**

4. Relâchez le bouton de la souris.

Pour copier plutôt que couper, associez la touche Ctrl au cliquer-glisser.

Déplacer des données

Le déplacement s'exécute de façon identique dans tous les programmes Office 2000, que vous agissiez dans le même document, entre deux documents issus de la même application, ou entre deux documents issus d'applications distinctes (comme transférer des informations depuis une feuille de calcul Excel vers un document Word).

Voici comment procéder :

1. Ouvrez le programme et le document dans lesquels se trouvent les données à déplacer.

Si ce programme ne tourne pas encore, lancez-le via la commande Démarrer/Programmes.

2. Sélectionnez les éléments à déplacer en vous servant du clavier ou de la souris.

3. Choisissez Édition/Couper, enfoncez les touches Ctrl/ X, ou cliquez sur le bouton Couper de la barre d'outils Standard.

4. Placez le point d'insertion à l'endroit où les éléments coupés doivent être collés.

Pour agir dans un autre document, commencez par l'ouvrir.

5. Choisissez Édition/Coller, enfoncez les touches Ctrl+V, ou cliquez sur le bouton Coller de la barre d'outils Standard.

En général, Office 2000 a le bon goût d'adapter le formatage au programme cible. (Parfois, vous devrez intervenir personnellement, parfois vous n'aurez pas à vous préoccuper de cet aspect des choses.) Ainsi, une plage de cellules Excel ou une série d'enregistrements Access sont, comme par magie, présentées sous la forme d'un tableau de cellules une fois transférées dans Word. En revanche, des données Word que vous exportez vers Excel devront être traitées manuellement ; à vous, en effet, de répartir les informations en colonnes grâce à la touche Tabulation. Dans le cas de données Access que vous collez dans Excel, chaque enregistrement apparaît sur une ligne différente et les champs sont répartis au rythme de un par colonne. Si le déplacement concerne des informations qu'Office est incapable de formater spontanément (comme plusieurs paragraphes de texte transférés depuis Word vers Excel), les données sont alors introduites sous la forme d'un *objet incorporé*. Si vous opérez un double clic sur cet objet, le programme original démarre ; vous pouvez y modifier les données en toute simplicité ; lorsque vous opérerez de nouveau un double clic sur cet objet, les modifications apparaîtront. Si l'incorporation n'est pas praticable, Office, dans ces conditions, introduit une image de la sélection. Cette image ne vous permet pas, comme l'incorporation, de remonter à la source ; vous pouvez tout au plus décider de la supprimer.

Vérifier l'orthographe

La vérification de l'orthographe peut s'effectuer dans tous les programmes Office 2000, de deux manières distinctes selon le programme depuis lequel vous agissez. Dans Word ou PowerPoint, vous pouvez vérifier l'orthographe en temps réel, c'est-à-dire pendant la frappe. Dans tous les programmes de la suite, vous pouvez traiter le texte une fois qu'il est tapé.

Vérifier pendant la frappe

Word et PowerPoint vérifient l'orthographe en cours de frappe sauf si cette option a été désactivée. Chaque mot mal orthographié ou inconnu est souligné par un trait ondulé rouge. Pour effectuer une correction immédiate, cliquez sur le mot avec le bouton droit de la souris ; un menu contextuel s'ouvre, vous suggérant des mots de remplacement.

Si la correction en cours de frappe vous déplaît, désactivez-la :

1. **Choisissez Outils/Options.**

2. **Dans la boîte de dialogue Options, cliquez sur l'onglet Grammaire et orthographe (dans Word) ou Orthographe et style (dans PowerPoint).**

3. **Décochez la case Vérifier l'orthographe au cours de la frappe.**

4. **Cliquez sur le bouton OK.**

Pour réactiver cette option, procédez de la même manière en cochant la case.

Vérifier après la frappe

Si la vérification au cours de la frappe a été désactivée, rien ne vous empêche de procéder à une vérification du document après avoir entré le texte. C'est d'ailleurs une technique en vigueur dans tous les programmes de la suite.

1. **Choisissez Outils/Grammaire et orthographe, pressez F7, ou cliquez sur le bouton Grammaire et orthographe de la barre d'outils Standard.**

   Quelle que soit la méthode utilisée, la vérification commence à la position du point d'insertion. Dès qu'un mot incorrect ou inconnu est rencontré, le programme ouvre la boîte de dialogue Grammaire et orthographe.

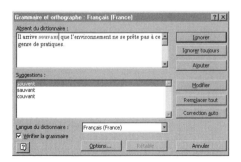

2. Réalisez une des actions suivantes :

- Si le mot est mal orthographié, sélectionnez le mot correct dans la liste des suggestions et cliquez sur le bouton Modifier.

- Si l'orthographe correcte ne figure pas dans cette liste, tapez directement le mot dans la zone Absent du dictionnaire, puis cliquez sur Modifier.

- Si le mot est correctement orthographié, mais inconnu du dictionnaire, cliquez sur Ignorer. Ou préférez Ignorer toujours pour indiquer au programme de passer outre toutes les occurrences de ce mot (ce choix accélère la procédure de vérification).

3. Répétez l'étape 2 jusqu'à ce que la vérification soit terminée.

Un message vous en avise.

Partie 3

Word 2000

Microsoft Office 2000 comporte le logiciel de traitement de texte phare, à savoir Microsoft Word 2000. Cette partie décrit l'utilisation de Word. Pour des informations plus pointues, reportez-vous à *Word 2000 pour Windows pour les Nuls*.

Dans cette partie...

✔ Créer des notes de bas de page et une table des matières.

✔ Découvrir les raccourcis clavier les plus utiles.

✔ Exploiter les styles et les thèmes.

✔ Faire du mailing.

✔ Formater le texte.

✔ Gérer les tabulations.

Assistant Pages Web

Vous souhaitez vous faire connaître sur le Web mais craignez que vos connaissances en langage HTML soient trop élémentaires. N'ayez plus aucun crainte : Word 2000 est équipé d'un Assistant Pages Web capable de créer, automatiquement, toutes sortes de documents Web en fonction d'une série d'options que vous paramétrez. Pour mettre cet Assistant en service :

1. **Choisissez Fichier/Nouveau.**

2. **Dans la boîte de dialogue Nouveau, activez l'onglet Pages Web, puis sélectionnez Assistant Pages Web et cliquez sur OK.**

   La première fenêtre de l'Assistant apparaît.

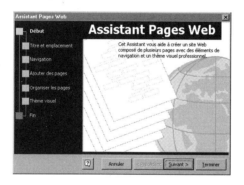

3. **Cliquez, à gauche, sur Titre et emplacement ou cliquez sur Suivant.**

   Lors de cette étape, l'Assistant vous demande de donner un titre à votre site Web et de définir son emplacement.

4. **Entrez les informations souhaitées, puis cliquez sur Suivant.**

5. **Sélectionnez un type de navigation.**

   Trois options sont disponibles :

- **Cadre vertical** : Divise votre écran par un trait vertical. A gauche se trouvent les liens qui, une fois activés, affichent, à droite, les infos correspondantes.

- **Cadre horizontal** : Divise votre écran par un trait horizontal. En haut se trouvent les liens qui, une fois activés, affichent, en bas, les infos correspondantes.

- **Page séparée** : C'est sans doute l'option la plus classique. Chaque fois qu'un lien est activé, il ouvre une nouvelle page dans laquelle sont présentées les informations.

  Choisissez l'option qui vous convient le mieux ; n'oubliez pas que tous les navigateurs ne sont pas à même de gérer l'option Cadre vertical ni Cadre horizontal ; préférez donc l'option Page séparée.

6. **Cliquez sur Suivant.**

   Cette étape vous permet d'ajouter des pages à votre site Web. Sélectionnez-y le type de page souhaité.

   Trois options sont disponibles : Ajouter une nouvelle page Vierge, Ajouter une page modèle (comme Questions fréquentes, Table des matières ou Colonne) et Ajouter un fichier existant (qui vous permet d'ajouter n'importe quel document figurant sur votre disque dur).

7. **Sélectionnez les pages à ajouter, puis cliquez sur Suivant.**

   Il est temps, à présent, d'organiser les liens de navigation vers vos pages Web.

   Sélectionnez une des pages, puis cliquez sur Monter ou Descendre. Répétez l'opération pour les autres pages jusqu'à avoir défini l'organisation souhaitée.

8. **Cliquez sur Suivant.**

   L'Assistant vous demande de choisir un thème visuel pour votre site Web. Reportez-vous à la section "Thèmes" dans cette partie.

9. **Choisissez un thème, puis cliquez encore une fois sur Suivant.**

   Ça y est ! Vous avez introduit toutes les données requises. L'Assistant est prêt à créer votre page Web.

10. Cliquez sur Terminer.

Votre document s'affiche à l'écran.

Pour en savoir plus sur les pages Web, consultez la neuvième partie de cet ouvrage, "Réaliser des tâches complexes".

 Si cette partie ne vous suffit pas, reportez-vous, pour un commentaire détaillé, à *Word 2000 pour Windows pour les Nuls*.

Bordures

Voici comment ajouter des bordures à un paragraphe :

1. Placez le point d'insertion dans le paragraphe à encadrer.

2. Choisissez Format/Bordure et trame pour ouvrir la boîte de dialogue du même nom.

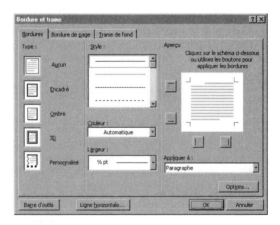

3. Dans l'onglet Bordures, choisissez le type que vous désirez appliquer (Encadré, Ombre, 3D, Personnalisé). Si vous cliquez sur Aucun, la bordure est supprimée.

4. **Dans la zone Style, sélectionnez le type de trait ; dans Couleur, la couleur du trait, et dans Largeur son épaisseur.**

Word 2000 offre une multitude de styles applicables à une même bordure (par exemple des traits de couleurs différentes). La zone Aperçu vous montrera toujours l'aspect de vos bordures et du texte qu'elles contiennent.

5. **Cliquez sur OK ou pressez la touche Entrée.**

Pour supprimer une bordure, choisissez Format/Bordure et trame, puis sélectionnez Aucun.

Colonnes

Voici comment créer des colonnes dans Word 2000 :

1. **Cliquez sur le bouton Colonnes de la barre d'outils Standard pour accéder au menu déroulant correspondant.**

2. **Faites glisser la souris pour déterminer le nombre de colonnes à utiliser, en les plaçant en surbrillance.**

3. **Relâchez le bouton.**

Voilà ! Votre document est mis en forme avec le nombre de colonnes déterminé.

En mode d'affichage normal (Affichage/Normal), le texte apparaît en colonnes, mais les unes en dessous des autres (alors que vous les voulez les unes à côté des autres). Pour cela, vous devez passer en mode d'affichage Page, via Affichage/Page.

Pour savoir à quoi ressembleront vos colonnes imprimées, choisissez Fichier/Aperçu avant impression.

Le bouton Colonnes vous permet d'en choisir le nombre, mais ni d'en déterminer la taille ni de définir l'espace qui les séparera. Pour cela, choisissez Format/Colonnes et effectuez vos réglages.

Pour plus de détails, reportez-vous à *Word 2000 pour Windows pour les Nuls.*

En-têtes et pieds de page

Voici comment les insérer :

1. **Choisissez Affichage/En-tête et pied de page.**

   Apparaît la barre d'outils qui leur est réservée.

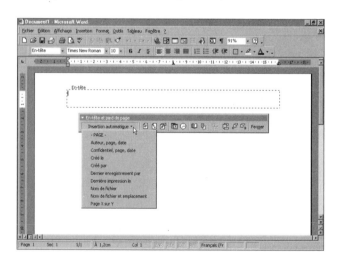

2. **Pour passer de l'en-tête au pied de page et récipro-quement, cliquez sur le bouton Basculer en-tête/pied de page de la barre d'outils En-tête et pied de page.**

3. **Tapez le texte dans la zone En-tête ou pied de page, en lui appliquant la mise en forme que vous désirez.**

La commande Insertion automatique vous permet d'accéder à une liste des éléments qu'on intègre souvent aux titres courants. Sélectionnez-y ceux que vous souhaitez ; ils seront introduits spontanément au niveau du point d'insertion.

4. Les autres boutons de cette barre d'outils spécifique vous permettent d'insérer des numéros de pages à incrémentation automatique, ainsi que l'heure et la date :

Bouton	*Fonction*
🔢	Insère le numéro de la page courante.
📑	Insère le nombre total de pages du document.
🔣	Permet de spécifier la mise en forme de la numérotation de page.
📅	Insère la date.
🕐	Insère l'heure.
📖	Ouvre la fenêtre Mise en page à l'onglet Disposition. Cet onglet vous permet de contrôler la disposition des titres courants de votre document.
🗐	Masque le texte du document pendant que vous agissez dans la zone des titres courants.
🖥	Définit le même titre courant que celui précédemment défini dans le document. Cette option est intéressante lorsque le même fichier comporte plusieurs titres courants.
◀	Affiche l'en-tête ou le pied de page précédent.
▶	Affiche l'en-tête ou le pied de page suivant.
Fermer	Ferme la barre d'outils En-tête et pied de page.

5. Une fois vos choix effectués, cliquez sur le bouton Fermer.

Pour en savoir plus sur les titres courants, lisez *Word 2000 pour Windows pour les Nuls*.

Enveloppes

Pour imprimer facilement des enveloppes dans Word 2000, il suffit de choisir Outils/Enveloppes et étiquettes :

1. Créez d'abord la lettre à mettre dans l'enveloppe.

Cela vous évite de taper deux fois l'adresse d'expédition.

2. Choisissez Outils/Enveloppes et étiquettes.

La boîte de dialogue Enveloppes et étiquettes apparaît.

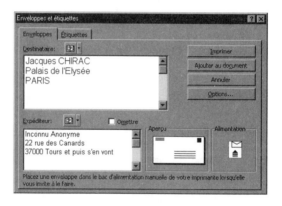

3. Activez si nécessaire l'onglet Enveloppes, puis vérifiez l'adresse affichée dans la zone Destinataire.

Word 2000 indique automatiquement le paragraphe auquel le style Adresse destinataire a été appliqué. Si, par malheur, il ne le fait pas, tapez-la vous-même.

Pour indiquer, si nécessaire, l'adresse de l'expéditeur, tapez ces données dans la zone Expéditeur et désactivez l'option Omettre.

4. Insérez une enveloppe dans votre imprimante.

Il vous est possible de modifier le type d'insertion de l'enveloppe s'il ne correspond pas à celui de votre imprimante, en cliquant sur Options, puis Options d'impression. Une fois la bonne méthode d'alimentation sélectionnée, cliquez sur OK.

5. Il ne vous reste plus qu'à cliquer sur le bouton Imprimer.

Et le tour est joué !

Explorateur de document

C'est une fonction très pratique qui vous permet d'avoir simultanément sous les yeux la structure de votre texte et le texte qui le constitue. Voici à quoi ressemble la fenêtre de Word dans ce mode d'affichage particulier :

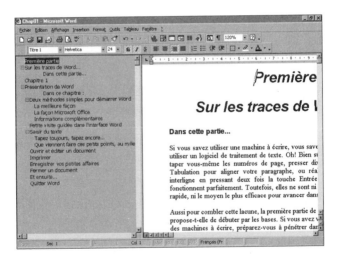

Pour afficher le document dans ce mode, cliquez sur le bouton Explorateur de document de la barre d'outils Standard. Pour revenir au mode d'affichage précédent, cliquez de nouveau dessus.

Une fois l'Explorateur de document en action, vous pouvez rapidement atteindre une partie de votre document en cliquant sur le titre recherché.

Formater

Word 2000 met à votre disposition une multitude de possibilités pour assurer la mise en forme de votre texte. Les sections suivantes présentent les commandes les plus souvent sollicitées.

Formater les caractères

La mise en forme des caractères se fait par le biais de raccourcis clavier ou de boutons de la barre d'outils Mise en forme. Vous pouvez aussi suivre la procédure qui consiste à ouvrir le menu Format et y choisir la commande Police :

1. **Placez en surbrillance le texte à mettre en forme.**

   Si vous ne sélectionnez pas de texte, Word 2000 applique la mise en forme au point d'insertion, c'est-à-dire au texte que vous taperez ensuite.

2. **Choisissez Format/Police.**

   La boîte de dialogue Police apparaît.

3. **Changez la taille, la police, la couleur... en agissant les options dans les zones appropriées de la fenêtre.**

La zone Aperçu vous donne une idée des effets de vos réglages.

4. **Une fois le formatage arrêté, cliquez sur le bouton OK.**

 Une mise en forme rapide consiste à sélectionner le texte et à utiliser les boutons adéquats de la barre d'outils Mise en forme ou les raccourcis clavier correspondants (voir dans cette partie).

 Si une chaîne de caractères comporte déjà les attributs de formatage des caractères et/ou des paragraphes que vous souhaitez appliquer à une autre sélection, le moyen d'agir le plus rapide est d'utiliser l'outil Reproduire la mise en forme. Sélectionnez la source, activez l'outil, désignez la cible. Le format est copié instantanément. Si vous souhaitez formater plusieurs cibles distantes les unes des autres, verrouillez l'outil en le désignant par un double clic ; appliquez ensuite le format aux différentes cibles souhaitées et déverrouillez l'outil en recliquant sur son icône. Si vous êtes un fan du clavier, sachez que Ctrl+Alt+C copie le format et que Ctrl+Alt+V le colle.

Formater les paragraphes

Appliquez une mise en forme en utilisant Format/Paragraphe :

1. **Cliquez n'importe où dans le paragraphe à mettre en forme.**

Ici, il est inutile de sélectionner la totalité du paragraphe ; il suffit d'y cliquer le point d'insertion. Pour agir sur plusieurs paragraphes, la sélection est obligatoire.

2. **Choisissez Format/Paragraphe.**

La boîte de dialogue Paragraphe apparaît.

3. **Paramétrez les différentes options de cette boîte de dialogue de manière à contrôler l'alignement, les retraits et l'espacement. Tout ce que vous modifierez s'affichera dans la zone Aperçu.**

4. **Cliquez sur le bouton OK pour appliquer vos paramètres au paragraphe.**

La mise en forme rapide des paragraphes peut se faire par l'utilisation des boutons adéquats de la barre d'outils Mise en forme ou des raccourcis clavier correspondants (voir dans cette partie).

Listes à puces

Voici comment créer une liste à puces :

1. **Tapez les paragraphes auxquels vous souhaitez ajouter des puces.**

2. **Sélectionnez ces paragraphes.**

3. **Cliquez sur le bouton Puces de la barre d'outils Mise en forme.**

Pour continuer la liste à puces, il suffit de placer le point d'insertion en fin de paragraphe et de presser la touche Entrée. La nouvelle ligne débute par une puce.

Le bouton Puces de la barre d'outils active et désactive la création des listes. Il suffit de cliquer dessus pour passer d'un mode à l'autre. Ainsi, pour supprimer la liste à puces d'un paragraphe entier, sélectionnez ce dernier, puis cliquez sur le bouton Puces.

Pour créer immédiatement une liste à puces, commencez par attribuer une puce au premier paragraphe. (Vous pouvez cliquer sur le bouton Puces de la barre d'outils, puis taper le texte, ou faire l'inverse.) A chaque nouveau paragraphe (créé par activation de la touche Entrée), les puces sont introduites automatiquement. Une fois votre liste terminée, cliquez de nouveau sur le bouton Puces pour arrêter la procédure de création de liste et rétablir la saisie normale.

Pour changer l'aspect des puces, choisissez Format/Puces et numéro. Dans la boîte de dialogue ainsi ouverte, cliquez sur l'onglet Numéros. Choisissez le style de numérotation en cliquant dans le cadre approprié, puis sur OK. Si aucun style ne vous convient, cliquez sur Personnaliser, puis sur le type de puces à utiliser. Vous pouvez même choisir des symboles et une police différents, en cliquant sur les boutons correspondants.

Listes numérotées

Pour créer une liste numérotée, procédez comme suit :

1. **Tapez un ou plusieurs paragraphes.**
2. **Sélectionnez tous les paragraphes à numéroter.**

3. **Cliquez sur le bouton Numérotation de la barre d'outils.**

Si vous ajoutez ou supprimez un paragraphe en plein milieu de la liste, Word 2000 renumérote automatiquement la liste.

Le bouton Numérotation agit comme un interrupteur : cliquez une fois dessus pour créer la liste numérotée ; cliquez de nouveau dessus pour annuler la numérotation. Cela ne fonctionne que si le point d'insertion se trouve dans un paragraphe numéroté ou si l'ensemble de la liste est sélectionné.

Si vous insérez un paragraphe non numéroté dans une liste numérotée, Word 2000 divise cette dernière en deux, et fait repartir la numérotation de la seconde liste à zéro. Ce qui n'est pas le cas lorsque vous supprimez la numérotation d'un paragraphe préalablement numéroté dans la liste. La numérotation logique se poursuit sur le paragraphe suivant de la liste.

Pour accéder aux options de numérotation avancées, choisissez Format/Puces et numéros, puis cliquez sur l'onglet Numéros.

Modèles

Supposez qu'après de longues heures, vous soyez parvenu à créer le document presque parfait, au point que vous souhaiteriez utiliser sa mise en page, ses styles, ses macros, pour de nouveaux documents. Votre souhait est exaucé grâce aux *modèles* :

1. **Ouvrez ce fameux document parfait, issu de longues heures de bichonnage.**

2. **Choisissez Fichier/Enregistrer sous.**

   La boîte de dialogue du même nom s'ouvre.

3. **Dans la zone Type de fichier, sélectionnez Modèle de document (.dot).**

4. **Dans la zone Nom de fichier, attribuez un nom à votre modèle.**

   Ne vous souciez pas des trois lettres d'extension, Word 2000 s'en charge.

5. **Cliquez sur le bouton Enregistrer pour sauvegarder votre document en tant que modèle.**

6. **Effacez tout texte inutile présent dans le document.**

Si vous ne le faites pas, chaque nouveau document basé sur ce modèle contiendra le texte en question.

7. Enregistrez de nouveau votre fichier.

Pour créer un modèle, vous pouvez également choisir Fichier/Nouveau. Dans la boîte de dialogue, cliquez sur le bouton radio Modèle. Ainsi, vous créez un modèle basé sur celui sélectionné dans un des onglets de la boîte de dialogue Nouveau. Vous pouvez alors le modifier pour qu'il corresponde exactement à ce que vous voulez, et l'enregistrer sous un nouveau nom.

Pour plus d'informations, reportez-vous à *Word 2000 pour Windows pour les Nuls.*

Naviguer

Word 2000 propose un outil de navigation logé dans la barre de défilement vertical. Voici à quoi il ressemble :

Une fois que vous avez cliqué sur le bouton situé entre les deux flèches, la fenêtre Sélectionner l'objet parcouru s'affiche sous l'aspect suivant :

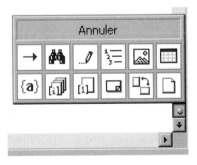

Deux des boutons vous rappellent sans doute quelque chose : ils reprennent les commandes Atteindre et Rechercher du menu Édition. Les dix autres définissent le type d'élément que les doubles flèches vous permettront d'atteindre (celle du haut pour l'élément précédent, celle du bas pour l'élément suivant). Le tableau ci-dessous explique la fonction des différentes icônes de cette fenêtre.

Bouton	Fonction
 →	Reprend Édition/Atteindre.
 🔭	Reprend Édition/Rechercher.
 ✏	Parcourir par modification (vous place à l'endroit de vos dernières modifications).
 ☰	Parcourir par titre (vous place sur le titre suivant).
 🖼	Parcourir par objet graphique.
 ▦	Parcourir par tableau.
 {a}	Parcourir par champ.
 📑	Parcourir par note de fin.
 📄	Parcourir par note de bas de page.
 ▢	Parcourir par commentaire.
 ⧉	Parcourir par section.
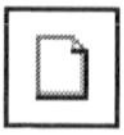 ▯	Parcourir par page.

Note de bas de page et notes de fin

Voici comment en insérer dans vos documents :

1. **Placez le point d'insertion où vous désirez insérer la note de bas de page.**

2. **Choisissez Insertion/Note pour ouvrir la boîte de dialogue Note de fin ou de bas de page.**

3. **Selon l'endroit où vous souhaitez placer la note, activez soit l'option Note de bas de page, soit Note de fin.**

   Remarque : Lors d'une première utilisation de cette commande, Note de bas de page est sélectionné par défaut. Si vous choisissez une autre option, la fermeture de la boîte de dialogue Note de fin ou de bas de page en fait la nouvelle sélection par défaut.

4. **Cliquez sur OK.**

   Une fenêtre spécifique apparaît dans votre document pour y taper le contenu de votre note.

5. **Pour revenir au texte du document, il suffit de cliquer directement où vous souhaitez poursuivre la saisie de votre propos.**

   Rien ne vous empêche de retourner sur la note pour y ajouter des précisions.

Les notes de bas de page sont automatiquement numéro-
tées et incrémentées par Word 2000. Ainsi, la référence de
renvoi est toujours mise à jour. Sachez que la longueur des
notes n'est pas limitée et que celles-ci peuvent s'étendre
sur plusieurs pages.

Pour créer rapidement une note de bas de page, pressez la
séquence de touches Ctrl+Alt+F.

Pour afficher et placer le point d'insertion dans la note de
bas de page, choisissez Affichage/Notes de bas de page. Si
plusieurs notes sont contenues dans votre document,
faites votre choix dans la liste qui s'offre à vous. Vous
pouvez choisir d'afficher les notes de fin plutôt que de bas
de page.

Si vous avez inséré une note de fin, double-cliquez sur ses
références directement dans le texte. Cela a pour effet
d'ouvrir une fenêtre qui affiche le contenu de la note. Vous
pouvez l'éditer à souhait.

Pour effacer une note de bas de page, sélectionnez sa
référence (généralement son numéro) dans le texte de
votre document, et pressez la touche Suppr.

Pour plus d'informations sur les notes de bas de page,
reportez-vous à la section s'y consacrant dans l'ouvrage
Word 2000 pour Windows pour les Nuls

Publipostage

Le publipostage est une tâche délicate mais souvent
essentielle dans l'utilisation de Word 2000. Un Assistant
vous aide à la mener à bien. Elle se déroule en trois
étapes : d'abord, vous créez la lettre type (appelée aussi
document principal) ; ensuite vous définissez une liste de
noms et d'adresses (la *source de données*) et, enfin, vous
fusionnez la lettre type avec les données source pour créer
des lettres personnalisées.

Créer le document principal

1. Choisissez Outils/Publipostage.

La boîte de dialogue Aide au publipostage apparaît.

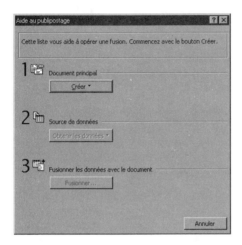

2. Cliquez sur le bouton Créer, puis sur Lettres types.

Le message suivant vous est adressé.

3. Cliquez sur le bouton Nouveau document principal pour revenir à la fenêtre Aide au publipostage.

4. Cliquez sur Modifier pour afficher la liste des documents éditables.

Ce menu ne devrait contenir qu'une seule entrée, Lettre type: Document #.

5. Sélectionnez-le pour créer la lettre.

6. Tapez ce que vous désirez, mais laissez des blancs où vous souhaitez que Word 2000 introduise des informations personnalisées, telles que l'adresse du destinataire.

Le document destiné au publipostage dispose de sa propre barre d'outils.

7. Une fois que vous avez terminé, choisissez Fichier/ Enregistrer.

Votre lettre ressemble à ceci :

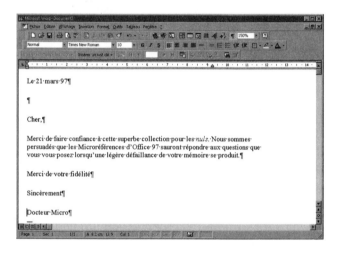

Créer la source des données

Partie la plus ardue de la procédure de publipostage qui suppose que vous tapiez l'ensemble des noms et adresses des destinataires de votre lettre type :

1. Votre lettre type étant ouverte, choisissez Outils/ Publipostage.

La fenêtre Aide au publipostage s'affiche.

2. Cliquez sur le bouton Obtenir les données, puis choisissez Créer la source de données.

La boîte de dialogue Créer une source de données s'affiche.

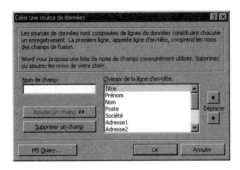

3. **Pour ajouter un champ, tapez son nom dans la zone Nom de champ, puis cliquez sur le bouton Ajouter un champ.**

4. **Pour supprimer un champ, sélectionnez-le dans la zone Champs de la ligne d'en-tête, puis cliquez sur le bouton Supprimer un champ.**

5. **Pour modifier l'ordre d'apparition des champs, sélectionnez celui à déplacer, puis cliquez sur la flèche Déplacer, autant de fois qu'il le faut pour positionner le champ à l'endroit désiré.**

6. **Une fois satisfait des champs choisis et de leur position, cliquez sur OK.**

   La boîte de dialogue Enregistrer sous apparaît.

7. **Dans la zone Nom de fichier, attribuez à votre liste de données un nom significatif, comme Liste de publipostage. Enfin, cliquez sur le bouton Enregistrer.**

   Une boîte de dialogue vous indique que la source de données est vide.

8. **Cliquez alors sur le bouton Modifier la source de données. Vous allez ajouter des noms à votre source.**

   La boîte de dialogue Saisie des données de fusion prend vie comme illustré ci-dessous :

9. Tapez les informations sur une personne devant figurer dans votre source de données.

La touche Tab vous permet de passer d'un champ à l'autre. Il n'est pas nécessaire de remplir tous les champs.

10. Une fois les données saisies pour une personne, cliquez sur Ajouter. Tous les champs se vident, prêts à accueillir de nouvelles informations.

11. Répétez les étapes 9 et 10 pour chaque personne devant figurer dans la source de données.

12. Une fois l'ensemble des personnes définies, cliquez sur le bouton OK.

Pour déambuler dans les enregistrements, il suffit de cliquer sur les flèches situées en bas de la fenêtre Saisie de données de fusion. Cela vous permet d'aller vérifier une information, de la modifier, ou d'en ajouter une dans un champ que vous aviez laissé vide.

Pour supprimer un enregistrement, trouvez-le grâce aux flèches évoquées ci-dessus, puis cliquez sur le bouton Supprimer.

Insérer les noms de champs dans le document principal

Lorsque votre source de données est définie, retournez au document principal pour indiquer à Word 2000 où il doit insérer les informations saisies :

1. Positionnez le point d'insertion où vous souhaitez insérer un champ de la source de données.

2. **Cliquez sur Insérer un champ de fusion, dans la barre d'outils spécifique du publipostage, pour accéder à une liste semblable à celle représentée ci-dessous.**

3. **Cliquez sur le nom du champ que vous souhaitez insérer dans le document.**
4. **Répétez les étapes 1 à 3 pour chaque champ à insérer.**

Voici à quoi ressemble le document principal une fois les champs insérés :

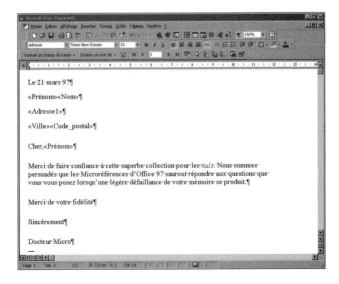

5. **Quand vos champs sont insérés, choisissez Fichier/ Enregistrer pour sauvegarder la structure du document principal.**

Fusionner

Une fois le document principal et la source de données définis, le spectacle peut commencer ! Pour un publipostage réussi, suivez les étapes ci-dessous :

1. **Votre document principal ouvert, choisissez Outils/ Publipostage. Cela ouvre la boîte de dialogue Aide au publipostage.**

2. **Cliquez sur le bouton Fusionner.**

   Sa boîte de dialogue apparaît.

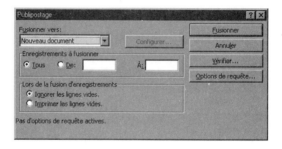

3. **Cliquez sur le bouton Fusionner.**

   Intelligent, Word 2000 crée un nouveau document en remplissant, avec les bonnes informations, les champs que vous avez placés dans le document principal.

4. **Vérifiez le document pour être certain que la fusion se déroule correctement.**

5. **Pour enregistrer le document fusionné, choisissez Fichier/Enregistrer.**

6. **Pour imprimer le document, choisissez Fichier/ Imprimer.**

Raccourcis clavier

Les tableaux ci-dessous vous présentent les raccourcis les plus populaires de Word 2000.

Édition

Raccourci	Action
Ctrl+X	Coupe le texte et le place dans le presse-papiers.
Ctrl+C	Copie le texte dans le presse-papiers.
Ctrl+V	Colle le contenu du presse-papiers.
Ctrl+Z	Annule la dernière action exécutée.
Ctrl+Y	Annule l'annulation de la dernière action (on parle de rétablir). En l'absence d'une action annulée, répète la dernière action.
Ctrl+Suppr	Supprime le mot placé derrière le point d'insertion.
Ctrl+Retour arrière	Supprime le mot placé devant le point d'insertion.
Ctrl+F	Ouvre la boîte de dialogue Rechercher et remplacer.
Ctrl+H	Ouvre la boîte de dialogue Rechercher et remplacer avec l'onglet Remplacer actif.
Ctrl+A	Sélectionne la totalité du document.

Formatage des caractères

Raccourci	Bouton	Action
Ctrl+G	**G**	Graisse le texte.
Ctrl+I	*I*	Place le texte en *italique*.

Raccourci	Bouton	Action
Ctrl+U	S	Souligne le texte.
Ctrl+Maj+A		Met le texte en MAJUSCULE.
Ctrl+=		Place le texte en indice.
Ctrl+Maj+=		Place le texte en exposant.
Ctrl+Maj+>		Diminue d'un point la taille des caractères.
Ctrl+Maj+Q		Transforme les caractères en Grec antique.
Ctrl+Maj+Z		Supprime la mise en forme des caractères.
Ctrl+Barre d'espacement		Supprime la mise en forme des caractères.

Formatage des paragraphes

Raccourci	Bouton	Action
Ctrl+Maj+G	≡	Aligne le paragraphe à gauche.
Ctrl+Maj+D	≡	Aligne le paragraphe à droite.
Ctrl+J	≡	Justifie le paragraphe.
Ctrl+E	≡	Centre le paragraphe.
Ctrl+Maj+M	⇤	Réduit le retrait de paragraphe.
	⇥	Augmente le retrait de paragraphe.
Ctrl+T		Crée ou augmente le retrait négatif.
Ctrl+Maj+T		Diminue le retrait négatif.
Ctrl+0 (zéro)		Augmente ou diminue d'une ligne l'écart avec la ligne supérieure.

Raccourci	Bouton	Action
Ctrl+Maj+S	Normal	Applique un style.
Ctrl+Maj+N		Applique le style Normal.
Ctrl+Maj+L		Crée une liste à puces.
		Crée une liste à puces numérique.
		Crée une liste à puces.

Définir vos propres raccourcis clavier

Vous considérez que les raccourcis de Word 2000 ne suffisent pas à vos besoins ? Alors, créez-en d'autres !

Voici comment procéder :

1. Choisissez Outils/Personnaliser.

La boîte de dialogue du même nom s'ouvre.

2. Activez l'onglet Commandes, puis cliquez sur le bouton Clavier.

Voici la boîte de dialogue qui apparaît :

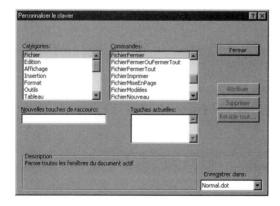

3. **Dans la zone Commandes, sélectionnez celle à qui attribuer un raccourci personnalisé.**

4. **Cliquez dans la zone Nouvelles touches de raccourci et tapez le raccourci à assigner à la commande sélectionnée.**

5. **Pour valider le nouveau raccourci, cliquez sur le bouton Attribuer.**

Vous pourrez assigner des raccourcis personnels en passant par Format/Style, et en cliquant sur le bouton Touches de raccourci.

Pour rendre à Word 2000 ce qui appartient à César, c'est-à-dire les raccourcis définis par défaut, choisissez Outils/ Personnaliser, cliquez sur le bouton Clavier de l'onglet Commandes, puis cliquez sur Rétablir tout.

Rechercher

La commande Rechercher du menu Édition vous permet de trouver n'importe quel texte dans votre document :

1. **Choisissez Édition/Rechercher ou pressez Ctrl+F.**

La boîte de dialogue Rechercher et remplacer apparaît.

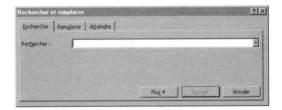

2. **Dans la zone de texte Rechercher, tapez le texte sur lequel doit porter la recherche.**

3. **Cliquez sur le bouton Suivant.**

4. **Patientez quelques secondes avant que Word 2000 ne rende son verdict.**

Une fois le texte recherché trouvé, Word 2000 le met en surbrillance. La boîte de dialogue reste ouverte. Si ce n'est pas l'occurrence qui vous intéresse, cliquez de nouveau sur Suivant de manière à atteindre l'occurrence suivante. Une fois la totalité du document parcourue, un message s'affiche :

> Vérification terminée pour le document.

5. Cliquez sur OK et vivez votre vie !

Pour interrompre la procédure de recherche, cliquez sur Annuler ou pressez la touche Echap.

Pour préciser davantage votre recherche, cliquez sur le bouton Plus de la boîte de dialogue Rechercher et remplacer. Les options suivantes sont alors à votre disposition :

Option de recherche	Fonction
Sens	Vous permet de définir la direction de la recherche : Vers le haut, Vers le bas ou Tous. Si vous choisissez une des deux premières options, une fois la recherche terminée, Word 2000 vous demande s'il doit continuer la recherche dans le reste du document. Tous effectue une recherche dans tout le fichier.
Respecter la casse	Respecte les caractères majuscules et minuscules, ce qui limite les mots sur lesquels Word 2000 s'arrêtera.
Mot entier	Ne trouve que le mot dans son intégralité. Ainsi, si vous recherchez *Antigone*, Word 2000 ne s'arrêtera pas sur *Antistatique* ni sur *Antigène* ni sur aucun autre mot contenant *Anti*.
Utiliser les caractères génériques	Trouve tous les textes se rapprochant de celui recherché. Par exemple, si vous recherchez *Poils*, il trouvera aussi *Pouls, Poids*, etc. Dans ce cas de figure, vous pouvez également utiliser trois caractères spéciaux pour trouver les occurrences d'un même mot :

Option de recherche	Fonction
?	Trouve l'occurrence d'un seul caractère. Par exemple, f?s, Word trouvera *fus* et *fis*.
*	Trouve des combinaisons de caractères. Par exemple, b*e trouvera toutes combinaisons commençant par *b* et finissant par *e*, telles *bute, ballade, bactériologique*, etc.
[abc]	Trouve les caractères entre crochets. Par exemple, f[is]sure trouvera *fiston, piston, fissurer, fistule*.
Format	Vous permet d'opérer une recherche en fonction de la mise en forme d'un mot. Par exemple, vous pouvez limiter votre recherche aux mots écrits avec la police Arial en couleur rouge.
Spécial	La recherche portera sur un caractère spécial du type marque de paragraphe ou tabulation.

Remplacer

Voici la procédure à suivre :

1. Pressez Ctrl+Origine pour placer le point d'insertion en début de document.

Si vous sautez cette étape, l'opération rechercher-remplacer commence à la position du point d'insertion.

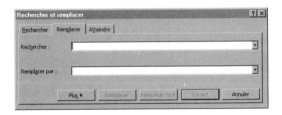

2. **Choisissez Édition/Remplacer ou pressez Ctrl+H pour ouvrir la boîte de dialogue Rechercher et remplacer, avec l'onglet Remplacer actif.**

3. **Dans la zone de texte Rechercher, tapez le mot auquel doit se substituer celui que vous avez indiqué dans Remplacer par.**

4. **Cliquez sur le bouton Suivant.**

   Le mot trouvé est placé en surbrillance (sélectionné).

5. **Cliquez sur Remplacer pour opérer la substitution.**

6. **Répétez les étapes 4 et 5 jusqu'à ce que le document ait été totalement vérifié et que toutes les substitutions ont été opérées.**

Pour accéder à des options de recherche supplémentaires, cliquez sur le bouton Plus. Vous pouvez alors choisir le sens de la recherche, et définir des critères inhérents au mot lui-même.

Voir : la section "Rechercher", dans cette partie.

Si vous êtes absolument sûr de vouloir remplacer toutes les occurrences du texte recherché, cliquez sur le bouton Remplacer tout. Cependant, cette procédure n'est jamais la meilleure, car il est très rare que dans un texte il soit nécessaire de remplacer toutes les occurrences du texte tapé dans la zone Rechercher.

Une fois le texte passé au crible par Word 2000, ce dernier affiche un message indiquant la fin de la procédure et le nombre de substitutions effectuées. Si le chiffre vous paraît énorme, choisissez Édition/Annuler pour replacer le texte dans l'état qui était le sien avant le lancement de cette procédure.

Sélectionner

La sélection de texte peut se faire via la souris ou via le clavier.

Utiliser la souris

Voici les méthodes les plus répandues :

- Faites glisser la souris, bouton gauche enfoncé, sur le texte à sélectionner.

- Placez le point d'insertion au début de texte. Maintenez la touche Maj enfoncée, puis placez le point d'insertion en fin de texte à sélectionner, et cliquez sur le bouton gauche de la souris. Le texte situé entre les *deux points d'insertion* se trouve en surbrillance.

- Pour sélectionner un seul mot, double-cliquez dessus.

- Pour sélectionner tout un paragraphe, triple-cliquez dessus.

- Pour sélectionner une phrase, maintenez la touche Ctrl enfoncée, puis cliquez n'importe où sur cette phrase.

- Pour sélectionner une zone rectangulaire de texte, pressez la touche Alt et faites glisser le pointeur de la souris sur le texte en question.

- Pour sélectionner tout un paragraphe, placez le pointeur de la souris dans la marge gauche du paragraphe. Le pointeur prend la forme d'une flèche dirigée vers la droite. Double-cliquez... et voilà le travail !

Utiliser le clavier

Voici les techniques mises à votre disposition :

- Placez le curseur au début du texte à sélectionner. Maintenez enfoncée la touche Maj, puis déplacez le point d'insertion à la fin du texte en utilisant les touches directionnelles. Lorsque la portion de texte sélectionnée est en surbrillance, relâchez la touche Maj.

- Pour sélectionner la totalité du document, pressez Ctrl+A.

- Pressez F8, puis n'importe quelle touche pour étendre la sélection jusqu'au caractère lui correspondant. Par exemple, une fois le texte sélectionné, si vous pressez F8, puis la touche virgule, la sélection s'étendra jusqu'à la prochaine virgule rencontrée. Pour arrêter ce processus, pressez la touche Echap.

Styles

Ils sont presque la raison d'être d'un traitement de texte. Par exemple, si vous définissez un style pour les en-têtes, vous pouvez être certain que tous les en-têtes de votre document seront mis en forme de la même manière. Vous modifierez aussi rapidement leur apparence en agissant sur l'un d'entre eux uniquement.

Appliquer un style

Pour appliquer un style à un paragraphe, procédez comme ceci :

1. **Placez le point d'insertion dans le paragraphe à mettre en forme.**
2. **Sélectionnez le style dans la liste du même nom de la barre d'outils Mise en forme.**

   C'est le premier menu déroulant de cette barre d'outils.

Pour appliquer un même style à plusieurs paragraphes adjacents, sélectionnez simplement une plage de texte des paragraphes concernés. Ensuite, sélectionnez le style.

 Si le style que vous souhaitez appliquer ne figure pas dans la liste, maintenez enfoncée la touche Maj, puis cliquez sur la flèche de la boîte Style. Word 2000 répertorie l'ensemble des styles disponibles.

 Pour plus d'informations sur les styles, consultez *Word 2000 pour Windows pour les Nuls*

Créer un style

1. **Mettez en forme un paragraphe en définissant la police et sa taille, l'espacement entre les lignes, l'espace avant et après, et les retraits positifs et/ou négatifs. Tout cela est paramétrable via la commande Style du menu Format.**

2. **Cliquez n'importe où dans le paragraphe servant de base au style. Ensuite, pressez Ctrl+Maj+S ou cliquez dans la case Style de la barre d'outils Mise en forme.**

3. **Donnez un nom au style.**

4. **Pressez Entrée pour ajouter votre style à la liste de ceux figurant dans le document.**

Pour une création plus précise, choisissez Format/Style Dans la boîte de dialogue Style, cliquez sur le bouton Nouveau. A vous de définir tous les paramètres de mise en forme propre à votre nouveau style.

Plus d'informations vous seront données dans *Word 2000 pour Windows pour les Nuls*.

Table des matières

Avant de commencer, assurez-vous que vous avez formaté les titres de votre document au moyen des styles de titre intégrés de Word (Titre 1, Titre 2, etc.). L'utilisation de ces styles facilite grandement la composition de la table. Voici comment y parvenir :

1. **Placez le point d'insertion à l'endroit où la table des matières doit apparaître.**

2. **Choisissez Insertion/Tables et index.**

3. **Activez l'onglet Table des matières.**

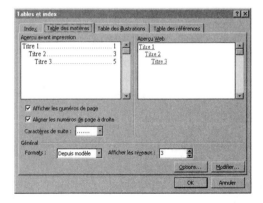

4. **Dans la liste déroulante Formats, choisissez le style de table des matières à appliquer.**

5. **Utilisez les autres options pour affiner l'aspect de votre table, comme vous le précise le tableau ci-dessous.**

Option	*Fonction*
Afficher les numéros de page	Décochez cette case pour ne pas faire apparaître les numéros de page.
Aligner les numéros de page à droite	Décochez cette case si vous préférez que les numéros de pages soient placés à droite du texte auquel ils correspondent, plutôt que par rapport à la marge de droite.
Afficher les niveaux	Permet de paramétrer le niveau d'affichage de la table des matières.
Caractères de suite	Sélectionnez le style que vous désirez utiliser.

6. **Cliquez sur le bouton OK.**

   Word 2000 insère la table des matières au niveau du point d'insertion.

Si l'affichage du contenu de la table des matières est incompréhensible, choisissez Outils/Options. Dans la boîte de dialogue, cliquez sur l'onglet Affichage et décochez la case Codes de champ.

Si vous éditez un document après avoir inséré une table des matières, vous pouvez la mettre à jour pour que les nouvelles pages soient parfaitement référencées dans la table. Sélectionnez cette dernière en cliquant dessus, puis pressez F9.

Tableaux

La création de tableaux de cellules est une fonctionnalité puissante de Word 2000, qui permet d'organiser des informations sous forme de grille, un peu comme dans une feuille de calcul.

Utiliser la commande Insérer un tableau

Word 2000 met à votre disposition une commande qui permet de créer des tableaux en moins de temps qu'il n'en faut pour le dire :

1. **Positionnez le point d'insertion où vous désirez insérer le tableau.**

2. **Choisissez Tableau/Insérer/Tableau.**

   La boîte de dialogue Insérer un tableau apparaît.

3. **Définissez la taille du tableau en fixant le nombre de colonnes et de lignes dans les cases correspondantes.**

4. **Pour accéder à des formats prédéfinis, cliquez sur le bouton Format auto.**

5. **Dans la liste Format, choisissez celui que vous souhaitez utiliser.**

6. **Dans les autres zones de cette boîte de dialogue, définissez les formats à appliquer aux divers éléments constituant les tableaux (lignes, colonnes, bordures, etc.).**

7. **Cliquez sur OK pour fermer la boîte de dialogue Mise en forme automatique du tableau, puis de nouveau sur OK pour créer le tableau.**

 Il y a moyen d'agir plus rapidement pour introduire un tableau dans un document. Contentez-vous de cliquer sur le bouton Insérer un tableau de la barre d'outils Standard. Une grille s'affiche ; désignez-y, par cliquer-glisser, le nombre de lignes et de colonnes souhaité. Dès que vous relâchez le bouton de votre souris, la structure est introduite dans le document au niveau du point d'insertion.

Dès que le tableau apparaît dans votre document, il suffit de cliquer dans les cellules qui le composent pour saisir vos informations. Pour passer d'une cellule à une autre, pressez la touche Tab.

Utiliser la commande Dessiner un tableau

C'est une fonction qui permet de dessiner des tableaux complexes à l'aide de quelques outils de dessin élémentaires. Ces tableaux ne seront pas une simple succession de lignes et de colonnes, mais plutôt des cellules contenant des colonnes et des lignes. Voici la procédure à suivre :

 1. **Choisissez Tableau/Dessiner un tableau ou cliquez sur le bouton Tableaux et bordures de la barre d'outils.**

Word 2000 affiche la barre d'outils Tableaux et bordures.

2. Avec la souris, dessinez la forme générale du tableau. Cliquez pour définir son coin supérieur gauche, puis déplacez la souris vers le coin opposé (inférieur droit).

Relâchez le bouton. Un tableau constitué d'une seule cellule apparaît, comme le montre la figure suivante :

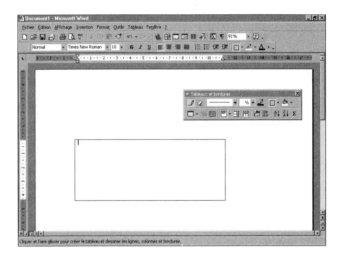

3. Découpez votre tableau en cellules plus petites.

Pour créer deux lignes par exemple, sélectionnez l'outil Dessiner un tableau et pointez n'importe où le long du bord gauche du tableau. Maintenez enfoncé le bouton de la souris, et tracez une ligne jusqu'au bord droit. Quand vous relâchez le bouton de la souris, le tableau est scindé en deux lignes, comme le montre l'illustration ci-dessous :

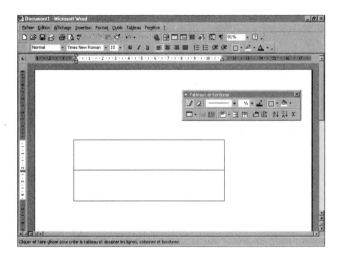

Vous pouvez découper votre tableau en autant de
petites cellules que vous le souhaitez. Pour changer
style et épaisseur du trait, utilisez les outils adéquats
de la barre d'outils Tableaux et bordures. Voici, par
exemple, un tableau complexe réalisé avec les différents outils proposés :

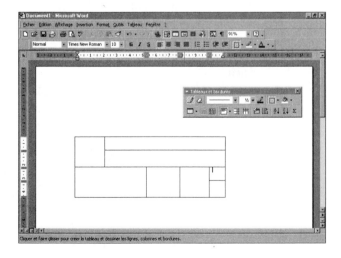

4. **Une fois le tableau terminé, cliquez de nouveau sur le bouton Tableaux et bordures pour en fermer la barre d'outils.**

   Il ne vous reste plus qu'à placer le point d'insertion dans la première cellule où vous désirez taper des informations et qu'à saisir votre texte.

Tabulations

Les sections suivantes vous décrivent la technique classique de placement de tabulations et d'ajout de points de suite.

Placer des tabulations

Nous nous concentrons ici sur la technique qui fait appel à la règle :

1. **Sélectionnez, dans la réserve de tabulations située à l'extrême gauche de la règle, le type de tabulation à placer (voir ci-dessous).**

2. **Cliquez, dans la règle, à l'endroit où vous souhaitez insérer cette tabulation.**

3. **Répétez l'opération pour les différentes tabulations à placer.**

4. **Cliquez dans la ligne pour laquelle vous avez défini des tabulations.**

5. **Enfoncez la touche Tabulation pour déplacer le point d'insertion vers la première tabulation.**

6. **Tapez le texte à aligner sur cette tabulation.**

7. **Répétez l'opération pour les différents textes à aligner sur les différentes tabulations.**

8. **Pour entamer une nouvelle ligne héritant des mêmes paramètres de mise en forme (et, partant, des mêmes tabulations), enfoncez la touche Retour.**

Cinq types de tabulations sont proposés par Word 2000 : *gauche, centrée, droite, décimale.* Pour activer un type, cliquez sur le bouton situé à l'extrême gauche de la règle.

Chaque clic donne accès à un nouveau type de tabulation. Voici à quoi ressemble leur icône :

- **Tabulation gauche** :Le texte s'aligne à gauche du taquet de tabulation.

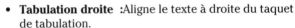

- **Tabulation centrée** :Le texte est centré par rapport au taquet de tabulation.

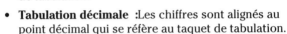

- **Tabulation droite** :Aligne le texte à droite du taquet de tabulation.

- **Tabulation décimale** :Les chiffres sont alignés au point décimal qui se réfère au taquet de tabulation.

Il existe un cinquième type, un peu particulier ; il s'agit de la barre verticale. Ce n'est pas une tabulation à proprement parler, mais un élément qui vous permet de tracer des traits verticaux dans vos tableaux de tabulation (voire ailleurs si vous le souhaitez).

Pour déplacer une tabulation, il suffit de cliquer dessus et de la faire glisser, dans la règle, vers sa nouvelle position. Le texte aligné sur cette tabulation suit le mouvement.

Pour supprimer une tabulation, cliquez dessus, puis faites-la glisser vers le bas, en dehors de la règle, dans la fenêtre du document. Relâchez le bouton… la tabulation a disparu !

Pour supprimer rapidement toutes les tabulations d'une sélection, choisissez Format/Tabulations. Dans la boîte de dialogue, cliquez sur le bouton Supprimer tout.

Ajouter des points de suite

Les *points de suite* remplissent, avec des points, des tirets ou des traits, l'espace séparant deux tabulations. Voici comment les ajouter :

1. **Placez vos tabulations comme indiqué dans la section précédente.**

2. **Choisissez Format/Tabulations pour ouvrir la boîte de dialogue du même nom.**

3. Choisissez le style de points de suite dans la zone prévue à cet effet.

4. Cliquez sur OK.

Pour en savoir plus à ce sujet, consultez *Word 2000 pour Windows pour les Nuls.*

Thèmes

Les thèmes sont une nouvelle fonctionnalité de Word 2000. Il s'agit, en fait, de modèles particuliers, sortes de chartes graphiques de vos documents. Ils définissent, en effet, les images d'arrière-plan, les polices, les puces, les traits horizontaux... Ils garantissent à vos fichiers une homogénéité digne d'un professionnel. Ils sont spécialement prévus pour traiter vos pages Web.

Si vous n'appréciez pas les thèmes fournis avec Word 2000 et ne souhaitez pas en créer vous-même, tournez-vous vers le Web ; vous trouverez, en choisissant ? (Aide)/Microsoft Office sur le Web, des indications sur la manière de télécharger des thèmes depuis Internet.

Appliquer un thème à un document

Procédez comme suit :

1. Ouvrez le document, puis choisissez Format/Thème.

La fenêtre Thème s'affiche. Peu importe que votre document soit déjà constitué ou que vous veniez à peine de le créer. Assurez-vous simplement que le pointeur clignote dans la fenêtre et qu'aucun texte n'est sélectionné.

2. Le volet gauche dresse la liste des thèmes disponibles ; le volet droit en donne un aperçu. Faites votre choix à gauche.

3. Les trois options placées sous le volet gauche vous permettent de contrôler le thème sélectionné. Elles s'intitulent Couleurs vives, Graphismes animés et Image d'arrière-plan. Voyez l'effet qu'elles produisent, puis activez celles qui vous intéressent.

4. Cliquez sur OK.

Si vous attribuez un thème à un document que vous n'avez pas encore composé, les styles du thème sont appliqués au fur et à mesure ; en revanche, si vous agissez sur un document composé, les attributs sont appliqués d'emblée.

Vous pouvez combiner thèmes et styles prédéfinis. Dans la partie inférieure de la fenêtre Thème se trouve un bouton intitulé Style automatique ; lorsque vous cliquez sur ce bouton, vous accédez à la fenêtre Style automatique, dans laquelle vous pouvez sélectionner différents styles et voir l'effet qu'ils produisent sur l'aspect de votre document selon le thème sélectionné dans la fenêtre précédente. Pratique, non ?

Changer le thème par défaut

Word 2000 applique un thème par défaut à tous les documents. Pour remplacer ce thème par un autre :

1. **Choisissez Format/Thème.**

2. **Sélectionnez le thème souhaité dans le volet gauche, puis cliquez sur Par défaut.**

   Un message s'affiche, vous demandant de confirmer votre intention, c'est-à-dire d'ériger le thème sélectionné en thème prédéfini, qui sera donc appliqué à tous les documents que vous créerez par la suite.

3. **Réfléchissez, puis cliquez sur Oui.**

4. **Cliquez sur OK pour fermer la fenêtre Thème.**

   Désormais, le thème sélectionné sera appliqué à tous les nouveaux documents, tant que vous n'en déciderez pas autrement.

Partie 4
Excel 2000

Excel 2000 est l'expert comptable de la suite Office 2000. Il vous permet de créer des feuilles de calcul pertinentes accomplissant des opérations d'une rare précision. Cette partie présente les bases d'utilisation d'Excel 2000. Si vous souhaitez dépasser les quelques limites ci-après, je vous conseille de lire *Excel 2000 pour Windows pour les Nuls* publié aux éditions Sybex.

Dans cette partie…

✔ Découvrir les fonctions majeures d'Excel 2000.

✔ Formater des cellules.

✔ Gérer les styles.

✔ Tracer des graphiques.

✔ Travailler avec des tableaux croisés dynamiques.

Assistant Fonction

Pour insérer facilement une fonction, utilisez cet assistant. Il vous propose de choisir parmi un ensemble de fonctions prédéfinies, et de les compléter en répondant à un certain nombre de questions.

Voici un exemple d'utilisation de la fonction MAX :

1. **Placez le pointeur de cellule sur celle où vous désirez insérer la fonction.**

2. **Choisissez Insertion/Fonction.**

   La boîte de dialogue Coller une fonction s'ouvre, affichant les fonctions dernièrement utilisées.

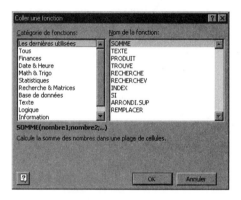

3. **Si la fonction à insérer est présente dans la liste Nom de la fonction, cliquez dessus. Sinon, sélectionnez une catégorie dans la liste du même nom, puis un nom de fonction.**

4. **Cliquez sur le bouton OK.**

   Une boîte de dialogue similaire à la figure ci-dessous apparaît :

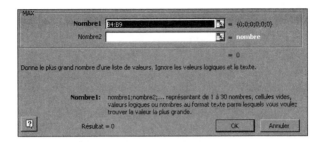

5. **Lisez les instructions afin de construire la fonction, et tapez tout ce qui est nécessaire.**

Si la fonction nécessite un seul argument, Excel 2000 utilise la cellule ou la plage sélectionnée au moment où vous avez lancé l'Assistant. Vous n'avez donc pas besoin de vous attarder sur la boîte de dialogue. Repérez son bouton OK, et cliquez dessus.

Si la fonction nécessite plusieurs arguments, vous pouvez taper une valeur, une référence de cellule, ou une plage dans la boîte de texte. Vous pouvez opérer votre sélection directement dans la feuille de calcul. Cliquez sur le bouton représenté ci-contre. Puis, avec la souris, sélectionnez votre plage de cellules. Ses références s'inscrivent automatiquement dans la fonction. Enfin, pressez la touche Entrée pour revenir à l'Assistant Fonction.

6. **Une fois la fonction terminée, cliquez sur le bouton OK.**

Centrage sur colonnes multiples

Il est probable que, pour des raisons de lisibilité, vous souhaiterez centrer votre texte. Dans notre exemple de bénéfice net prévisionnel, le titre n'est pas centré. La méthode que nous allons décrire est valable pour tout texte à centrer :

1. **Cliquez dans la cellule la plus à gauche de la série de colonnes concernée.**

Ainsi, pour centrer un texte sur la plage A1:D21, sélectionnez A1. (Si les références de plage vous posent problème, reportez-vous à la section "Références de cellules", dans cette partie.)

2. **Entrez le texte à centrer dans la cellule sélectionnée à l'étape précédente.**

3. **Sélectionnez la plage dans laquelle le centrage doit se faire.**

4. **Cliquez sur le bouton Fusionner et centrer de la barre d'outils Mise en forme.**

Le texte est centré sur la plage sélectionnée.

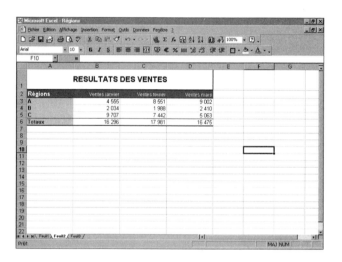

Si vous changez d'avis, sélectionnez de nouveau les cellules, choisissez Format/Cellules. Dans la boîte de dialogue qui s'ouvre, cliquez sur l'onglet Alignement et décochez la case Fusionner les cellules.

Commentaires

Excel 2000 fournit des pense-bêtes électroniques. Pour être certain de ne pas oublier quelque chose, procédez comme ceci :

1. **Cliquez sur la cellule où vous voulez insérer votre note.**

2. **Choisissez Insertion/Commentaires.**

   Une bulle jaune apparaît.

3. **Tapez ce que vous voulez.**

   Vous pouvez, par exemple, poser une question. Elle sera lue par votre collègue qui a entré les données et qui saura vous donner une réponse, peut-être par une autre note.

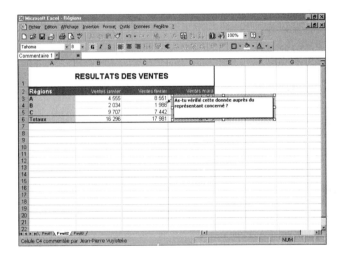

4. **Pour valider votre commentaire, cliquez n'importe où en dehors de cette bulle.**

   A ce moment précis, Excel 2000 place une petite marque rouge dans la cellule. Elle indique qu'un commentaire la concernant est affichable.

Pour afficher un commentaire, positionnez le pointeur de la souris sur la cellule concernée et la bulle contenant le commentaire apparaît à l'écran.

Pour supprimer un commentaire, cliquez sur la cellule avec le bouton droit de la souris ; dans le menu contextuel, choisissez Effacer l'annotation.

Fonctions

Voici une liste des fonctions les plus utilisées dans Excel 2000. Pour plus d'informations sur l'insertion de fonctions, voir la section "Assistant Fonction", dans cette partie.

Fonction	Explication
ABS(nombre)	Renvoie la valeur absolue d'un nombre. Il s'agit en général des références d'une cellule, telles que ABS(B3), ou du résultat d'un calcul, tel que ABS(D19-D17).
ARRONDI(nombre;no_chiffres)	Arrondit un nombre au nombre de chiffres indiqué. Ainsi, ARRONDI(C1,2) arrondit la valeur de la cellule C1 à deux décimales.
AUJOURDHUI()	Renvoie la date du jour. Aucun argument n'est requis.
CHOISIR(no_index;valeur1;valeur2)	Choisit une valeur ou une action à réaliser dans une liste de valeurs, en fonction d'un numéro d'index.
MAINTENANT()	Renvoie la date et l'heure en cours. Aucun argument n'est requis.
MAJUSCULE(texte)	Convertit une chaîne de caractères en majuscules.
MAX(nombre1;nombre2...)	Renvoie la plus grande valeur contenue dans une *plage* de cellules.
MEDIANE(nombre1;nombre2...)	Renvoie la valeur médiane des cellules d'une *plage*. Si vous triez les cellules, la valeur médiane se trouvera au milieu de la liste. Les valeurs supérieures se trouveront dans la première partie, les valeurs inférieures dans la seconde.

Fonction	Explication
MIN(nombre1;nombre2...)	Renvoie la plus petite valeur d'une *plage* de cellules.
MINUSCULE(texte)	Convertit le *texte* en caractères minuscules.
MOYENNE(nombre1;nombre2;...)	Calcule la valeur moyenne d'une plage de cellules, en faisant la somme des valeurs contenues dans la plage, puis en divisant le résultat obtenu par le nombre de cellules concernées. Excel 97 ne prend pas en compte les cellules vides.
NOMPROPRE(texte)	Met en majuscule la première lettre de chaque mot d'une chaîne de *texte*.
NPM(taux;vpm;va;vc;type)	Renvoie le nombre de paiements d'un investissement à versements réguliers et taux d'intérêt constant.
PRODUIT(nombre1;nombre2;...)	Multiplie toutes les données d'une plage de cellules spécifiée.
SI(test_logique;valeur_si_vrai; valeur_si_faux)	Teste la condition spécifiée dans le test logique. Excel 97 renvoie une valeur si le résultat de la condition est vrai, et une autre valeur s'il est faux.
SOMME(nombre1;nombre2;...)	Additionne les valeurs contenues dans la plage de cellules spécifiée.
SOMMEPROD(matrice1;matrice2; matrice3;...)	Multiplie chaque cellule de la matrice1 (une *plage*), par celle de la matrice2, puis ajoute les produits résultants.

Formater une cellule ou une plage de cellules

Cette mise en forme s'effectue grâce à des raccourcis clavier ou à la commande Cellule du menu Format :

1. **Sélectionnez la ou les cellules à formater.**
2. **Choisissez Format/Cellule ou pressez Ctrl+1.**

   La boîte de dialogue Format de cellule s'affiche.

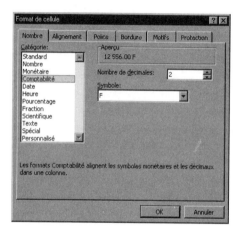

3. **Utilisez les options proposées dans les six onglets pour formater vos cellules.**
4. **Cliquez sur le bouton OK pour valider vos choix.**

Graphiques

Les possibilités de représentations graphiques d'Excel 2000 mériteraient un ouvrage à part entière. Voici une méthode rapide pour représenter graphiquement les données de votre feuille de calcul :

1. **Sélectionnez les cellules dont les données doivent être graphiquement représentées.**

2. **Cliquez sur le bouton Assistant Graphique de la barre d'outils Standard.**

L'Assistant se met en action.

3. **Dans la liste Type de graphique, sélectionnez le type souhaité.**

   Chaque type dispose de sous-types, disponibles dans la zone du même nom de la première boîte de dialogue de l'Assistant Graphique.

4. **Votre choix effectué, cliquez sur le bouton Suivant.**

5. **Vérifiez que la plage de données figurant dans la zone du même nom, correspond aux données du futur graphique.**

   Si ce n'est pas le cas, cliquez sur le bouton situé à droite de la zone Plage de données. La fenêtre se réduit en une barre. Utilisez la souris pour sélectionner directement, dans votre feuille de calcul, la plage de cellules concernée. Ensuite, cliquez sur le même bouton que précédemment. Vous pouvez poursuivre la procédure.

6. **Cliquez sur Suivant.**

   L'étape 3 sur 4 de l'Assistant apparaît :

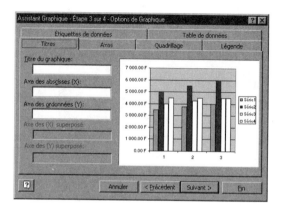

7. **Fignolez votre représentation graphique, en remplissant les boîtes de texte d'informations jugées nécessaires.**

   Par exemple, vous pouvez donner un titre à votre graphique en tapant directement dans la zone de texte adéquate.

   Tout changement effectué dans cette boîte de dialogue apparaît dans la zone d'aperçu (qui, bizarrement, ne porte pas de nom).

8. **Cliquez sur le bouton Suivant.**

   Voici la dernière étape.

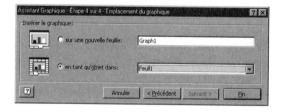

9. **Déterminez où Excel 2000 doit insérer le graphique en activant l'option correspondante, puis cliquez sur Terminer.**

   Si le graphique inséré n'est pas à la bonne dimension, sélectionnez-le en cliquant dessus, puis utilisez les poignées de dimensionnement pour en modifier la taille.

Imprimer une feuille de calcul

L'impression dans Excel 2000 est sensiblement la même que dans les autres applications Office : vous pouvez choisir Fichier/Imprimer, presser Ctrl+P, ou cliquer sur le bouton Imprimer de la barre d'outils Standard. Voici malgré tout quelques petites astuces :

- Par défaut, Excel 2000 imprime la totalité de la feuille de calcul. Cependant, vous pouvez choisir de n'imprimer qu'une partie de celle-ci. Dans un premier temps, sélectionnez la plage de cellules à imprimer. Ensuite, choisissez Fichier/Zone d'impression/Définir.

- Pour passer outre votre sélection et imprimer la totalité de la feuille de calcul, cliquez sur le bouton radio Feuille sélectionnée.

- Pour ne pas imprimer le quadrillage, choisissez Fichier/Mise en page. Dans cette boîte de dialogue, cliquez sur l'onglet Feuille et désactivez l'option Quadrillage. Cliquez sur OK pour quitter la boîte de dialogue Mise en page.

Mise en forme automatique

La mise en forme automatique permet de créer, très simplement, des feuilles de calcul attrayantes :

1. **Créez votre feuille de calcul comme vous le faites habituellement.**

   La mise en forme automatique donne le meilleur d'elle-même quand la première ligne et la première colonne de la feuille contiennent des titres (ou en-têtes), et la dernière ligne un total.

2. **Sélectionnez la plage de cellules contenant les données à mettre en forme.**

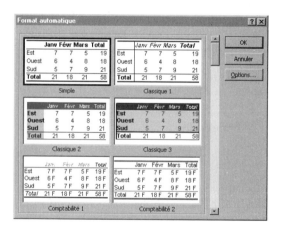

3. Choisissez Format/Mise en forme automatique.

La boîte de dialogue Format automatique s'affiche.

4. Sélectionnez le format de tableau souhaité.

5. Cliquez sur le bouton OK.

Excel 2000 applique le format de tableau choisi, comme le montre la figure suivante :

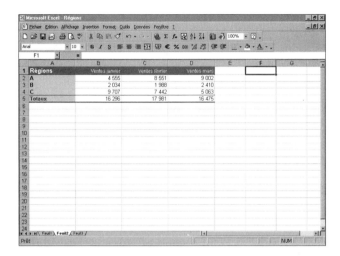

Si le format ne vous satisfait pas, choisissez Édition/
Annuler Mise en forme automatique, presse Ctrl+Z ou
cliquez sur l'icône Annuler de la barre d'outils Standard.

Mise en forme conditionnelle

La fonction de formatage conditionnel vous permet
d'attribuer un format à une cellule en fonction de la valeur
qui s'y trouve.

Pour ce faire :

1. **Sélectionnez la cellule ou la plage à traiter.**
2. **Choisissez Format/Mise en forme conditionnelle.**

3. **Dans la liste déroulante de gauche, optez pour une mise en forme quand la cellule contient une valeur donnée, ou quand elle comporte une formule donnée.**

   Dans cette seconde éventualité, l'aspect de la fenêtre change.

4. **Pour utiliser une formule, entrez la formule dans la case d'édition voisine.**

   N'oubliez pas que toutes les formules doivent commencer par le signe = (égal).

Si vous spécifiez la valeur d'une cellule, vous devez définir la condition. Utilisez à cette fin les deux cases de droite. Dans la première, sélectionnez un opérateur ; dans la seconde, entrez une valeur.

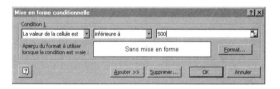

5. **Une fois la formule ou la valeur définie, cliquez sur Format.**

   La boîte de dialogue Format de cellule s'affiche.

6. **Appliquez le format souhaité, puis cliquez sur OK.**

   Celui-ci s'affiche dans la fenêtre Mise en forme conditionnelle.

   Vous n'êtes pas limité à une seule condition. Vous pouvez en effet en définir plusieurs et formater ainsi différemment, par exemple, les valeurs inférieures à 500, celles comprises entre 500 et 1000 et celles supérieures à 1000.

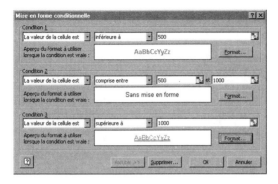

7. **Pour ajouter une condition, cliquez sur Ajouter.**

   La fenêtre s'adapte.

8. **Définissez la deuxième condition.**

9. **Répétez si nécessaire l'opération pour ajouter des conditions supplémentaires.**

Il faut savoir, quand vous définissez plusieurs conditions, que le programme applique le formatage désigné quand la condition est "VRAI", c'est-à-dire remplie. Si c'est le cas de plusieurs conditions, seule la première est appliquée ; les autres ne sont pas prises en considération. Dans ces conditions, il est préférable de définir d'abord la condition la plus exigeante. Ainsi, pour présenter en italique les totaux conformes aux prévisions (supérieurs à 1000), mais présenter en gras italique ceux qui sont conformes à vos prévisions personnelles (supérieurs à 1500), commencez par définir la condition correspondant à la valeur la plus difficile à atteindre (votre prévision à vous).

10. **Cliquez sur OK.**

Nommer une plage de cellules

Pour rendre vos formules plus faciles à comprendre, Excel 2000 vous permet de donner un nom à une cellule ou un ensemble de cellules, de la manière suivante :

1. **Sélectionnez une cellule ou une plage de cellules.**

2. Choisissez Insertion/Nom/Définir pour ouvrir la boîte de dialogue Définir un nom.

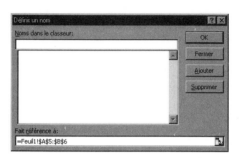

3. Dans la zone Nom dans le classeur, entrez le nom à attribuer à la cellule ou à la plage sélectionnée.

Tous les noms ne sont pas admis. Sachez qu'ils ne peuvent comprendre aucun espace, doivent comporter uniquement des caractères alphanumériques (pas de symboles) et doivent impérativement commencer par une lettre, même si les autres caractères du "nom" sont numériques.

4. Cliquez sur OK.

Dès lors, vous pouvez directement utiliser le nom dans une formule. Par exemple, au lieu de taper **=Somme(F4:F15)**, tapez **=Somme(TotalVentes)**, le nom entre parenthèse est celui donné à la plage de cellules F4:F15.

Pour effacer un nom de plage, choisissez Insertion/Nom/ Définir. Sélectionnez le nom de la plage, puis cliquez sur le bouton Supprimer de la boîte de dialogue Définir un nom.

Pour sélectionner rapidement une plage nommée, pressez F5 ou choisissez Édition/Atteindre. Dans la boîte de dialogue ainsi ouverte, double-cliquez sur le nom de la plage de cellules qui vous intéresse.

Rechercher

Pour rechercher du texte dans une feuille de calcul :

1. **Pressez Ctrl+Origine pour vous placer au début de feuille de calcul.**

   Cette étape est facultative. Si vous l'omettez, la recherche commence à la cellule courante.

2. **Utilisez Édition/Rechercher ou pressez Ctrl+F.**

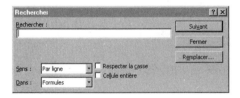

3. **Dans la zone Rechercher, tapez le texte à rechercher.**

4. **Cliquez sur le bouton Suivant.**

   Quand Excel 2000 rencontre une occurrence du texte recherché, il place la cellule en surbrillance. Si ce n'est pas ce que vous recherchiez, cliquez de nouveau sur Suivant.

   Une fois la recherche terminée, le programme vous indique qu'il va recommencer depuis le début de la feuille de calcul. La procédure de recherche ne se termine que lorsque vous pressez Echap ou cliquez sur Fermer.

Voici les options de la boîte de dialogue Rechercher :

Option	Fonction
Sens	Détermine la direction de la recherche, c'est-à-dire par ligne ou colonne.
Dans	Indique si la recherche doit s'effectuer dans les formules, les valeurs ou les commentaires.
Respecter la casse	Trouve le texte en respectant les majuscules et les minuscules.
Cellule entière	N'affiche que les cellules contenant exactement le texte tapé dans la zone Rechercher.

Vous pouvez utiliser les caractères génériques suivants :

- ? trouve une seule occurrence du caractère. Par exemple **f?t**, trouvera *fut* et *fit*.

- * trouve des combinaisons de caractères pour des mots débutant et finissant par une lettre définie. Par exemple, **b*e**, trouvera *balle, ballade, butte, brute, bactériologique*, etc.

Si vous décidez de remplacer le texte trouvé, cliquez sur Remplacer. La boîte de dialogue du même nom s'ouvre.

Dans la zone Remplacer par, tapez le texte devant se substituer à celui trouvé. Pour en remplacer toutes les occurrences, cliquez sur le bouton Remplacer tout.

Références de cellules

Pour référencer les cellules, Excel 2000 utilise un type de notation standard. A chaque colonne de la feuille de calcul est assignée une lettre - A, B, C, etc. Au-delà de la colonne Z, deux lettres sont utilisées - AA, AB, AC, etc. La numérotation des lignes commence à 1.

Ainsi, l'*adresse* d'une cellule est la conjonction de la lettre de sa colonne et du numéro de sa ligne. Dans ces conditions, l'intersection de la colonne A avec la ligne 1 fournit l'adresse de la cellule A1.

Une *plage* de cellules est une zone plus ou moins rectangulaire identifiée par les adresses des deux cellules placées dans les coins opposés, et séparées par un deux-points. Ainsi, la plage C7:E10 contient toutes les cellules situées dans le rectangle défini par la cellule C7 (coin supérieur gauche) et la cellule E10 (coin inférieur droit).

Parfois, vous verrez des adresses de cellules utiliser le
signe $, comme D$9, E$7 ou H22. On parle ici d'adresse
absolue. Cela signifie qu'Excel 97 n'ajustera pas l'adresse si
vous copiez une formule contenant une adresse absolue.
Par exemple, la formule **=D3+D4** placée dans la cellule D5
deviendra =E3+E4 si vous la copiez dans la cellule E5. Si la
formule de la cellule D5 avait été **=$D3+$D4**, vous en auriez
obtenu copie conforme en E5.

Excel 2000 peut utiliser le nom des étiquettes (en dessous
des colonnes) comme adresse. Supposons la feuille de
calcul suivante :

	A	B	C
1	Prix	Quantité	
2	14.95	3	
3			
4			
5			

Pour créer une formule en cellule C2 qui multiplie les
cellules A2 et B2, vous pouvez entrer **=A2*B2**. Avec
Excel 97, vous pouvez taper=**Prix*Quantité**.

Se déplacer

La souris est un périphérique béni pour se déplacer dans
une feuille de calcul.

Pour les fans du clavier, voici les raccourcis de déplacement :

Raccourci	Fonction
Origine	Place sur la première cellule de la ligne où se trouve le pointeur.
PgUp	Fait défiler la fenêtre d'un écran vers le haut.
PgDn	Fait défiler la fenêtre d'un écran vers le bas.
Alt+PgDn	Fait défiler la fenêtre d'un écran vers la droite.

Raccourci	Fonction
Alt+PgUp	Fait défiler la fenêtre d'un écran vers la gauche.
Ctrl+Fin	Place sur la dernière cellule de la feuille contenant des données.
Ctrl+Origine	Place sur la première cellule de la feuille de calcul (A1).
Ctrl+Flèche gauche	Place à gauche dans un bloc de données.
Ctrl+Flèche droite	Place à droite dans un bloc de données.
Ctrl+Flèche haut	Place en haut dans un bloc de données.
Ctrl+Flèche bas	Place en bas dans un bloc de données.
Ctrl+PgUp	Active la feuille de calcul précédente d'un même classeur.
Ctrl+PgDn	Active la feuille de calcul suivante d'un même classeur.
Fin,Origine	Place sur la dernière cellule de la feuille de calcul contenant des données.
Fin,Entrée	Place sur la dernière cellule de la ligne courante contenant des données.
Ctrl+T	Va à l'emplacement que vous spécifiez dans la boîte de dialogue.

Styles

Excel 2000 vous permet de gérer les styles pour formater vos feuilles de calcul. Contrairement à la mise en forme automatique, vous choisissez parmi les styles prédéfinis ou vous créez vos propres styles.

Appliquer un style

Pour appliquer un style :

1. **Sélectionnez la cellule ou la plage de cellules à traiter.**
2. **Choisissez Format/Style.**

   La boîte de dialogue Style s'affiche.

3. **Déroulez le menu local Nom du style et faites-y votre choix.**

4. **Confirmez en cliquant sur OK.**

Créer un style

Pour créer un style :

1. **Sélectionnez la cellule ou la plage de cellules à traiter.**

2. **Choisissez Format/Style.**

3. **Dans la case Nom du style, entrez le nom du nouveau style.**

4. **Dans la rubrique Le style inclut, sélectionnez les attributs devant faire partie du style.**

5. **Cliquez sur Modifier.**

   La boîte de dialogue Format de cellule s'affiche.

6. **Utilisez les six onglets de cette fenêtre pour définir les attributs du nouveau style.**

7. **Cliquez sur OK pour regagner la fenêtre Style. Elle affiche désormais les caractères du nouveau style, comme le montre la figure suivante.**

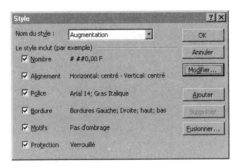

8. Cliquez sur OK ; le nouveau style est appliqué à la sélection.

Le style ainsi créé ne peut être utilisé que dans la feuille dans laquelle il a été défini. Pour l'employer dans une autre feuille, vous devez soit le recréer depuis zéro, soit utiliser l'outil Reproduire la mise en forme pour le copier depuis la feuille source vers la feuille cible.

Tableaux croisés dynamiques

Ils représentent un outil efficace pour opérer la synthèse d'informations contenues dans une feuille de calcul Excel 2000 ou une base de données Access 2000.

Supposons que vous soyez chargé de suivre les ventes réalisées par une coopérative tenue par un groupe d'étudiants. Chaque ligne de la feuille de calcul peut représenter l'activité d'un étudiant, avec une colonne pour le nom des coopérants, une pour les activités de la coopérative, une autre pour les sommes récoltées et une dernière pour le mois d'activité. Votre feuille de calcul ressemblera à ceci :

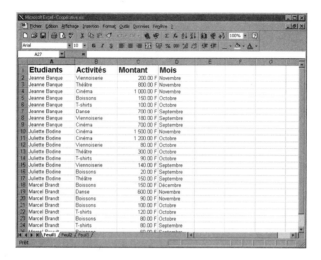

Pour créer un tableau croisé dynamique, suivez les étapes ci-après :

1. **Dans le tableau de la feuille de calcul, sélectionnez une cellule qui servira de base au tableau croisé dynamique.**

   Peu importe la cellule choisie, du moment qu'elle fait partie du tableau de la feuille de calcul.

2. **Choisissez Données/Rapport de tableau croisé dynamique pour ouvrir l'Assistant Tableau et graphique croisés dynamiques.**

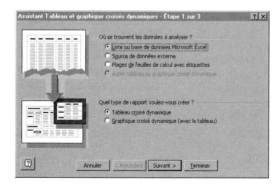

3. **Conservez l'option sélectionnée par défaut (Liste ou base de données Microsoft Excel) et cliquez sur le bouton Suivant.**

   Vous voici à l'étape 2. Si vous aviez préalablement sélectionné une cellule, Excel 2000 affiche les coordonnées de la plage de cellules comprenant la totalité de votre tableau. Si vous n'avez rien sélectionné, vous pouvez le faire maintenant.

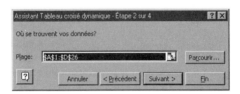

4. **Si la plage inscrite dans la zone Plage est exacte, cliquez sur le bouton Suivant. Vous passez à l'étape 3.**

5. **Définissez la destination du tableau croisé dynamique : dans une nouvelle feuille ou sur une feuille existante.**

   L'option Nouvelle feuille place le tableau sur une autre feuille du classeur courant ; vous pourrez passer d'une feuille à l'autre grâce aux onglets placés dans la partie inférieure gauche de la fenêtre.

6. **Cliquez sur Disposition.**

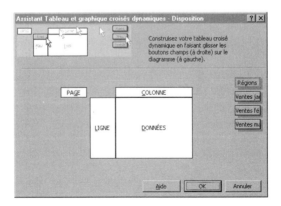

Chaque colonne du tableau apparaît sous forme de champ dans le tableau croisé dynamique.

7. **Pour construire votre tableau croisé dynamique, faites glisser les boutons champs sur le diagramme de gauche.**

   Dans notre exemple de coopérative étudiante, faites glisser le champ Montant dans la zone Données.

8. **Faites glisser les autres boutons champs vers les zones Ligne, Colonne et Page, selon la manière dont vous souhaitez traiter les données.**

9. **Cliquez sur OK pour revenir à l'étape 3.**

10. **Cliquez sur Terminer pour congédier l'Assistant et créer le tableau croisé dynamique.**

Voici à quoi ressemble, dans notre exemple, le tableau croisé dynamique :

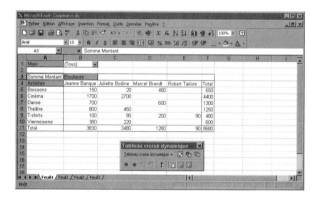

Vous pouvez modifier la façon dont Excel 2000 analyse les informations en plaçant les boutons champs à des endroits différents. Par exemple, si vous souhaitez connaître le montant des ventes par étudiant mais par mois, faites glisser les champs jusqu'à obtenir cette figure :

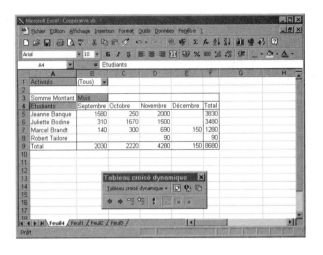

Partie 5

PowerPoint 2000

Si vous faites partie de ceux qui aiment persuader une assemblée de vous acheter quelque chose ou de voter pour vous, la découverte de PowerPoint marquera la fin brutale d'une utilisation outrancière de paper-board et de marqueurs. Cette application d'Office 97 crée des présentations imprimables sur papier ou transparents, et des diaporamas projetables sur écran ou visualisables sur un moniteur.

Cette partie ne saurait entrer dans les foisonnants détails du logiciel. Donc, si les informations qui vont suivre ne vous suffisent pas, reportez-vous à *PowerPoint 97 pour Windows pour les Nuls*.

Dans cette partie...

✔ Ajouter des cliparts.

✔ Ajouter des notes.

✔ Connaître les raccourcis clavier.

✔ Créer des diapositives de résumé.

✔ Créer des effets de transition et d'animation.

✔ Exploiter la visionneuse PowerPoint.

✔ Lancer le diaporama.

✔ Publier votre présentation sur le Web.

✔ Rechercher des diapositives.

✔ Travailler en couleur.

✔ Utiliser l'Assistant Sommaire automatique pour créer de nouvelles présentations.

Cliparts

Voici la procédure qu'il convient de suivre pour introduire des cliparts Office dans une présentation PowerPoint :

1. **Affichez la diapositive sur laquelle vous souhaitez insérer le clipart.**

   Si vous désirez qu'il figure sur toutes les vues de la présentation, placez-le sur le masque (Affichage/Masque/Masque des diapositives).

2. **Choisissez Insertion/Images/Images de la bibliothèque ou cliquez sur le bouton Insérer une image de la bibliothèque de la barre d'outils Dessin.**

   La boîte de dialogue Insérer un élément s'affiche.

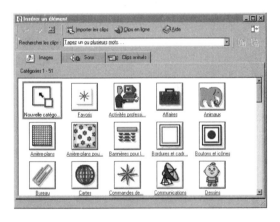

3. **Sélectionnez une catégorie.**

4. **Sélectionnez une image.**

   Faites défiler la fenêtre si nécessaire. Lorsque l'image que vous cherchez apparaît, cliquez dessus.

5. **Un menu local s'affiche. Cliquez sur Insérer le clip.**

   PowerPoint 2000 place l'image au centre de la diapositive ; déplacez-la et redimensionnez-la si nécessaire, en opérant un cliquer-glisser.

La première fois que vous faites appel à cette bibliothèque après avoir installé PowerPoint, les images propres à ce programme s'ajoutent aux images existantes de manière automatique. La procédure prend quelques instants ; ne vous impatientez pas.

La boîte de dialogue Insérer un élément comprend deux autres onglets, Sons et Clips animés, qui vous permettent d'ajouter des sons et des vidéos à votre présentation.

Si vous disposez d'une connexion Internet, cliquez sur le bouton Clips en ligne pour accéder à la page Microsoft Clipart du Web et pouvoir, depuis cette page, télécharger des images, des sons, et des vidéos supplémentaires.

Pour plus de détails, n'hésitez pas à consulter l'ouvrage *PowerPoint 2000 pour Windows pour les Nuls*

Créer une nouvelle présentation

La technique la plus simple consiste à faire appel à l'Assistant Sommaire automatique :

1. Lancez PowerPoint 2000 : cliquez sur le bouton Démarrer, choisissez Programmes, puis cliquez sur Microsoft PowerPoint.

Voici la fenêtre qui se présente à vous :

Si PowerPoint est déjà en service, vous pouvez accéder à cet Assistant en choisissant Fichier/Nouveau et en le sélectionnant dans l'onglet Général.

2. **Cliquez, si nécessaire, sur le bouton radio Assistant Sommaire automatique, puis confirmez par OK. Voici la première étape de l'Assistant.**

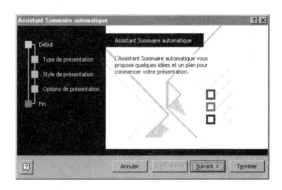

3. **Cliquez sur le bouton Suivant.**

L'Assistant vous demande de choisir un type de présentation. Pour visualiser toutes les options disponibles, cliquez sur Tout.

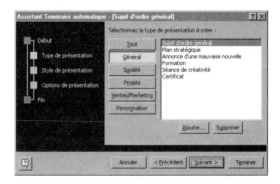

4. **Sélectionnez le type de présentation que vous voulez créer, puis cliquez sur le bouton Suivant.**

L'Assistant souhaite à présent savoir quel type de
support vous comptez utiliser. Votre choix, ici, dépend
de la manière dont vous comptez présenter votre
diaporama. Plusieurs options sont disponibles (sur
écran, transparents noir et blanc, transparents couleur…) ou Web (présentation en ligne).

**5. Sélectionnez le type de support souhaité, puis cliquez
sur Suivant.**

L'Assistant souhaite encore connaître le titre qu'il doit
donner à la présentation ainsi que les éléments qu'il
doit inclure (pied de page, date ou numéro de
diapositive).

**6. Introduisez les informations requises, puis cliquez
sur Suivant.**

Vous parvenez ainsi l'étape finale de l'Assistant
Sommaire automatique.

7. Cliquez sur Terminer pour créer la présentation.

Diapositive de résumé

Très facile à créer, cette diapositive particulière contient
les titres de toutes les diapositives de votre présentation :

1. Activez le mode Trieuse de diapositives.

**2. Sélectionnez les diapositives à inclure dans le
résumé.**

Pour un résumé complet, pressez Ctrl+A : toutes les vues sont sélectionnées.

3. **Cliquez sur le bouton Diapositive de résumé.**

PowerPoint introduit la diapositive de résumé devant les diapositives qu'elle résume.

Effets d'animation

Elle donne du *mouvement* à votre présentation pour capter l'attention de votre audience. Chaque objet composant une diapositive peut disposer de son propre effet d'animation. Vous contrôlez l'ordre d'apparition des objets (texte, image, son, vidéo) et décidez si le diaporama se déroule automatiquement ou manuellement. Voici comment animer votre présentation :

1. **Passez en mode Normal et utilisez la barre de défilement vertical de manière à afficher la diapositive à animer.**

2. **Choisissez Diaporama/Personnaliser l'animation pour ouvrir la boîte de dialogue ci-dessous.**

3. **Paramétrez les options de l'onglet Ordre et minutage. Cliquez sur l'élément à animer (comme Titre ou Texte).**

Pour une animation automatique, cliquez sur Automatiquement dans la rubrique Démarrer l'animation (en bas à gauche) et définissez le nombre de secondes devant s'écouler avant le début de l'animation. Si vous préférez une animation commandée par un clic de souris, choisissez l'option Manuellement.

4. **Cliquez sur l'onglet Effets pour choisir le type d'animation qui sera affecté à l'objet.**

5. **Quand vos réglages sont faits, vous pouvez en apprécier le résultat en cliquant sur Aperçu. Vous ne pouvez toutefois y apprécier l'animation d'un seul objet à la fois.**

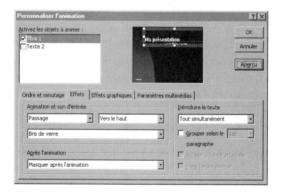

- Choisissez un effet dans la liste déroulante Animation et son d'entrée de l'onglet Effets. Plusieurs possibilités s'offrent à vous, notamment Passage, Volet, Damier, etc. Choisissez le sens du mouvement dans la liste de droite. Ajoutez éventuellement un son dans la liste du bas.

- Dans la case Après l'animation, indiquez à PowerPoint 2000 ce qu'il doit faire de l'objet une fois son animation exécutée : masquer l'objet, l'estomper, changer sa couleur, le masquer après un clic de souris ou rien.

- Dans la rubrique Introduire le texte, vous pouvez opter pour une apparition Simultanée, Par mot, ou Par lettre. Si vous souhaitez qu'un texte apparaisse en s'écrivant dans l'ordre inverse, cochez la case du même nom. Les objets texte composés de paragraphes peuvent être animés séparément. Il suffit pour cela de cocher la case

Grouper selon le paragraphe, et de choisir ce dernier dans la boîte à liste située à droite de l'option. On dit que vous choisissez un niveau d'apparition de l'objet.

6. Répétez les étapes 3 et 4 pour chaque objet à animer.

7. Cliquez sur OK.

Vous pouvez également ajouter des effets de transition aux diapositives. Pour en connaître la procédure, consultez la section "Effets de transition", dans cette partie.

Trois autres possibilités permettent d'appliquer des animations aux objets d'une diapositive :

- Les paramètres d'animation les plus répandus peuvent être ajoutés via Diaporama/Prédéfinir l'animation.

- En mode Trieuse de diapositives, cliquez sur la diapositive à animer et choisissez une transition dans la liste déroulante qui affiche, par défaut, la mention Sans transition.

- Choisissez Affichage/Barres d'outils/Effets d'animation pour afficher une barre d'outils d'animation sommaire. Il suffit de cliquer sur le bouton adéquat pour appliquer l'animation qui lui correspond.

Effets de transition

Il s'agit d'effets qui se produisent lors du passage d'une diapositive à une autre. PowerPoint 2000 en met un grand nombre à votre disposition pour rendre votre diaporama plus agréable à regarder. Voici comment appliquer un effet de transition :

1. Passez en mode Normal ou Trieuse de diapositives en choisissant les commandes correspondantes du menu Affichage.

2. Sélectionnez la diapositive à laquelle vous souhaitez ajouter une transition.

Notez que la transition s'effectue toujours *avant* la diapo sélectionnée. Donc, pour qu'un effet de transition se produise entre la première et la seconde diapositive, sélectionnez cette dernière.

3. Choisissez Diaporama/Transition.

La boîte de dialogue Transition s'affiche.

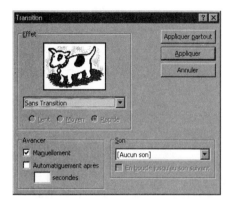

4. Déroulez la liste de la rubrique Effet et choisissez-y l'effet souhaité.

5. Déterminez la vitesse de la transition en validant Lent, Moyen ou Rapide.

6. Déroulez le menu local Son et choisissez éventuellement un son qui accompagnera l'effet.

7. Pour un déroulement automatique du diaporama, cochez la case Automatiquement après, et indiquez le nombre de secondes s'écoulant avant de passer à la diapositive suivante. Pour un contrôle via la souris, cochez la case Manuellement.

8. Cliquez sur Appliquer ou pressez la touche Entrée.

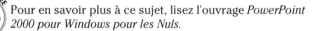

Pour en savoir plus à ce sujet, lisez l'ouvrage *PowerPoint 2000 pour Windows pour les Nuls.*

Importer des diapositives

PowerPoint 2000 vous permet d'importer des diapositives d'une présentation dans une autre, que la source se trouve sur votre disque dur ou sur un autre poste du réseau. Voici comment procéder :

1. **En mode Normal ou Trieuse de diapositives, sélectionnez l'endroit où la diapositive importée devra prendre place.**

2. **Choisissez Insertion/Diapositives à partir d'un fichier.**

   La boîte de dialogue Recherche de diapositive apparaît.

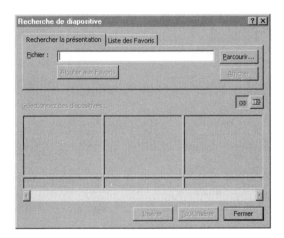

3. **Cliquez sur le bouton Parcourir pour accéder à la fenêtre du même nom.**

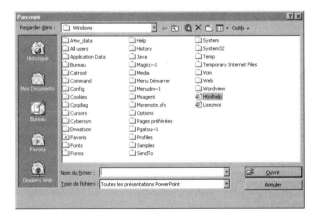

4. **Localisez le fichier source, puis cliquez sur le bouton Ouvrir pour regagner la fenêtre Recherche de diapositive.**

5. **Si nécessaire, cliquez sur le bouton Afficher.**

   Vous visualisez ainsi toutes les diapositives de la présentation choisie.

6. **Sélectionnez la diapositive à insérer.**

   Si nécessaire, utilisez la barre de défilement.

7. **Cliquez sur le bouton Insérer.**

8. **Répétez les étapes 8 et 9 pour chaque vue à insérer.**

9. **Lorsque vous avez terminé, cliquez sur le bouton Fermer.**

Jeu de couleurs

Un jeu de couleurs est une sorte de charte graphique qui détermine la couleur des principaux éléments des diapositives de la présentation : arrière-plan, titre, texte, etc. Voici comment sélectionner et appliquer un jeu de couleurs :

1. **Pour traiter toutes les diapositives de la présentation, choisissez Affichage/Masque/Masques des diapositives. Pour n'agir que sur une seule vue, passez en**

mode Normal en choisissant Affichage/Normal et
activez la diapositive concernée.

2. Choisissez Format/Jeu de couleurs des diapositives
   pour ouvrir la boîte de dialogue Jeu de couleurs.

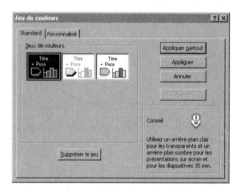

3. Sélectionnez le jeu de couleurs souhaité.

4. Cliquez sur le bouton Appliquer partout.

Activez l'onglet Personnalisé pour adapter un jeu de
couleurs à vos préférences esthétiques.

Masquer les objets d'arrière-plan

Un *masque de diapositive* est un modèle de mise en page de
diapositive qui sera repris par toutes les diapos de la
présentation. Sur cette diapositive spécifique, vous pouvez
insérer un objet qui se retrouvera sur chacune des autres
diapositives, tel qu'un logo récurrent, sorte d'espion
permanent de votre diaporama.

Cependant, vous souhaiterez peut-être que cet objet
n'apparaisse pas sur une ou deux diapositives spécifiques.
Voici comment cacher cet (ou ces) objet(s) d'arrière-plan :

1. En mode Normal, affichez la diapositive dont vous
   souhaitez traiter l'arrière-plan.

2. **Choisissez Format/Arrière-plan. La boîte de dialogue Arrière-plan s'affiche.**

3. **Cochez la case Cacher les graphiques du masque.**

4. **Cliquez sur Appliquer ou pressez Entrée.**

Seuls les objets de la diapositive active sont affectés.

Pour cacher les objets de toutes les diapositives de votre présentation, cliquez sur Appliquer partout à l'étape 4.

Modèles

Il s'agit de présentations prédéfinies que propose PowerPoint 2000 et qui servent de base à des présentations personnalisées. Lorsque vous utilisez l'Assistant Sommaire automatique, ce dernier sélectionne un modèle à votre place. Vous pouvez aussi prendre l'initiative des opérations lors de la création de la présentation en choisissant Fichier/Nouveau et en sélectionnant un modèle dans la fenêtre Nouvelle présentation.

Si l'aspect de votre présentation ne vous satisfait pas, vous pouvez, à tout moment, lui appliquer un autre modèle sans en affecter le contenu. Voici comment procéder :

1. **Choisissez Format/Appliquer un modèle de conception.**

La boîte de dialogue Appliquer un modèle de conception s'ouvre.

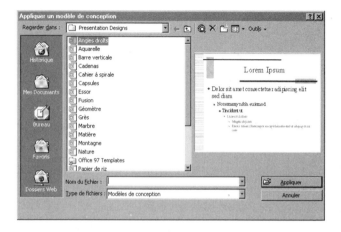

2. Cliquez sur le modèle que vous désirez utiliser.

La zone d'aperçu vous montre à quoi il ressemble.

3. S'il vous convient, cliquez sur le bouton Appliquer.

Pages de commentaires

PowerPoint 2000 vous permet d'insérer des notes qui vous remettent en mémoire ce que vous avez à dire à cette assistance concentrée sur le moindre mot sortant de votre bouche. Tout le monde vous prend pour un génie de la mémoire, alors que vous ne faites que relire, à l'insu de tous, le commentaire ajouté à votre diapositive. Voici comment procéder :

1. En mode Normal, activez la diapositive à laquelle vous souhaitez ajouter un commentaire.

2. Cliquez sur le texte "Cliquez pour ajouter des commentaires".

3. Tapez-y ce que vous voulez.

4. Pour voir à quoi ressemble votre page de commentaires, choisissez Affichage/Page de commentaires.

5. Si nécessaire, réglez le zoom grâce à la liste déroulante de la barre d'outils Standard de manière à pouvoir lire le texte.

6. Si nécessaire, faites défiler le contenu de la fenêtre.

(Les commentaires apparaissent sous la représentation de la diapositive.)

7. Pour ajouter du texte, cliquez dans la zone prévue à cet effet et tapez.

Toutes les procédures d'édition de texte sont utilisables ici. Pour créer un nouveau paragraphe, enfoncez la touche Entrée.

Une fois en mode Page de commentaires, il est inutile de repasser par le mode Normal pour ajouter des notes à d'autres vues de la présentation. Utilisez la barre de défilement ou les touches PgUp et PgDn pour traiter ces autres diapositives.

Vous trouverez plus d'informations dans *PowerPoint 2000 pour Windows pour les Nuls.*

Raccourcis clavier

Les tableaux ci-dessous présentent les raccourcis les plus utilisés dans PowerPoint 2000.

Édition des diapositives

Raccourci	Fonction
Ctrl+Suppr	Efface ce qui est compris entre le point d'insertion et la fin du mot.
Ctrl+Retour arrière	Efface ce qui est compris entre le point d'insertion et le début du mot.
Ctrl+M	Ouvre la boîte de dialogue Nouvelle diapositive avec plusieurs propositions de mise en page prédéfini.
Ctrl+Maj+M	Insère une nouvelle diapositive sans passer par la boîte de dialogue dédiée.

Raccourci	Fonction
Alt+Maj+D	Insère la date sur le masque de diapositive (après exécution des conseils de Compagnon Office).
Alt+Maj+H	Insère l'heure sur le masque de diapositive (après exécution des conseils de Compagnon Office).
Alt+Maj+P	Insère le numéro de page sur le masque de diapositive (après exécution des conseils de Compagnon Office).
Ctrl+D	Duplique l'objet sélectionné.
Ctrl+Flèche gauche	Déplace le point d'insertion d'un mot vers la gauche.
Ctrl+Flèche droite	Déplace le point d'insertion d'un mot vers la droite.
Ctrl+Flcèche haut	Déplace le point d'insertion jusqu'au paragraphe précédent.
Ctrl+Flèche bas	Déplace le point d'insertion jusqu'au paragraphe suivant.
Ctrl+Fin	Place le point d'insertion en fin de page.
Ctrl+Origine	Place le point d'insertion en haut de page.
Ctrl+Alt+PgUp	Affiche la diapositive précédente en mode Diapositive.
Ctrl+Alt+PgDn	Affiche la diapositive suivante en mode Diapositive.

Formatage du texte

Raccourci	Fonction
Ctrl+Maj+F	Active la liste déroulante des polices de la barre d'outils pour vous permettre d'en choisir une autre.
Ctrl+Maj+P	Active la liste déroulante des tailles de la barre d'outils pour vous permettre d'en choisir une autre.

Raccourci	Fonction
Ctrl+R	Aligne le paragraphe à droite.
Ctrl+L	Aligne le paragraphe à gauche.
Ctrl+J	Justifie le paragraphe.
Ctrl+E	Centre le paragraphe.

Gestion du plan

Raccourci	Fonction
Alt+Maj+Flèche gauche	Abaisse les paragraphes sélectionnés d'un niveau.
Alt+Maj+Flèche droite	Hausse les paragraphes sélectionnés d'un niveau.
Alt+Maj+Flèche haut	Déplace vers le haut les paragraphes sélectionnés.
Alt+Maj+Flèche bas	Déplace vers le bas les paragraphes sélectionnés.
Alt+Maj+A	Affiche tous les titres et le texte sous-jacent.
Alt+Maj+-	Réduit le titre.
Alt+Maj++	Développe le titre.
/ (pavé numérique)	Affiche ou masque le formatage.

Réorganiser la présentation

Cette opération est très rapide en mode Trieuse de diaposi-tives, où chaque diapositive apparaît en miniature. Voici la procédure à suivre :

1. **Passez en mode Trieuse de diapositives en cliquant sur le bouton correspondant situé dans le bas de la fenêtre de PowerPoint, ou choisissez Affichage/ Trieuse de diapositives.**

   PowerPoint active ce mode.

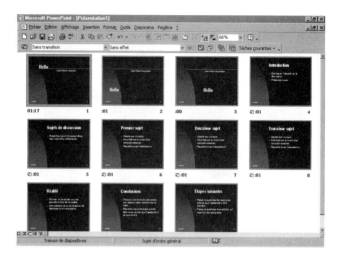

2. **Pour déplacer une diapositive, faites-la glisser vers son nouvel emplacement.**

   PowerPoint réorganise et renumérote automatiquement les diapositives.

3. **Pour supprimer une diapositive, cliquez dessus, puis pressez la touche Suppr, ou choisissez Édition/ Supprimer la diapositive.**

   (En mode Trieuse de diapositives, la touche Suppr ne sert qu'à supprimer une vue tout entière.)

4. **Pour ajouter une diapositive, sélectionnez celle derrière laquelle elle doit apparaître, puis cliquez sur le bouton Nouvelle diapositive. La boîte de dialogue correspondante s'ouvre. Cliquez sur la mise en forme qui vous intéresse, puis confirmez par OK. Pour éditer le contenu de la diapositive, regagnez le mode Normal.**

Si vous ne pouvez pas voir la totalité des diapositives de votre présentation, utilisez les barres de défilement ou réduisez le facteur de zoom.

Texte récurrent

Pour ajouter un texte qui se répète sur chaque diapositive, procédez comme suit :

1. **Choisissez Affichage/Masque/Masque des diapositives pour afficher le masque correspondant.**
2. **Cliquez sur le bouton Zone de texte de la barre d'outils Dessin.**
3. **Cliquez à l'endroit où vous souhaitez ajouter le texte.**
4. **Tapez le texte devant apparaître sur chaque diapositive.**
5. **Formatez ce texte comme il vous plaît.**
6. **Réactivez le mode Normal.**

 Pour afficher une même image sur toutes les vues d'une présentation, cliquez sur le bouton Insérer une image de la bibliothèque de la barre d'outils Standard (pour faire un choix parmi les images fournies avec Office 2000), ou choisissez Insertion/Image/A partir du fichier pour insérer un fichier graphique.

Pour supprimer un objet du masque de diapositive, cliquez dessus et pressez Suppr. Pour supprimer un objet texte, cliquez d'abord sur l'objet, puis sur son cadre avant d'activer la touche Suppr.

 Si vous ne parvenez pas à sélectionner l'objet, c'est sans doute parce que vous avez réactivé le mode Normal. Choisissez de nouveau Affichage/Masque/Masque des diapositives.

Visionner la présentation

Voici comment exécuter un diaporama :

1. **Cliquez sur le bouton Diaporama.**

   La première diapositive s'affiche.

2. **Pour passer à la diapositive suivante, pressez Entrée ou la barre d'espacement, ou bien cliquez sur le bouton gauche de la souris.**

3. **Pour interrompre le déroulement du diaporama, pressez la touche Echap.**

Vous découvrirez progressivement un ensemble de raccourcis qui permettent de naviguer à loisir dans le diaporama.

Pour faire en sorte que le diaporama s'exécute en boucle, choisissez Diaporama/Paramètres du diaporama ; dans la fenêtre du même nom, validez l'option Utiliser le minutage existant, puis cliquez sur OK. Choisissez ensuite Diaporama/Vérification du minutage. Le diaporama démarre avec une barre d'outils baptisée Répétition, qui vous permet de définir le temps que la vue doit rester affichée. Quand vous estimez que ce temps est écoulé, cliquez sur le bouton Suivant. Procédez de la même manière pour les différentes vues de la présentation. Lorsque vous parvenez à la dernière, un message vous est adressé, vous signalant la durée totale du diaporama et vous demandant si vous souhaitez enregistrer le minutage que vous venez de définir. Si vous êtes satisfait, cliquez sur Oui ; PowerPoint active alors le mode Trieuse de diapositives, qui affiche les temps alloués à chacune des vues.

Visionneuse

Il est possible de transférer une présentation PowerPoint sur disquettes à partir desquelles elle pourra être visionnée sur tout ordinateur utilisant le système d'exploitation Windows 95 ou 98 et disposant d'un programme particulier appelé *visionneuse PowerPoint*. Les sections suivantes vous expliquent comment utiliser ce programme.

Utiliser l'Assistant Présentation à emporter

Pour préparer une présentation destinée à être affichée par la visionneuse PowerPoint 2000, faites appel à l'Assistant Présentation à emporter :

1. **Ouvrez la présentation à copier sur disquettes.**

2. **Choisissez Fichier/Présentation à emporter pour gagner la première étape de l'Assistant.**

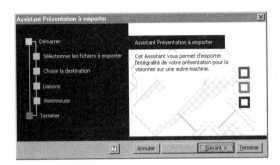

3. **Cliquez sur Suivant.**

   L'Assistant vous demande quelle est la présentation à traiter. Vous avez le choix entre celle que vous avez ouverte à l'étape 1 (Présentation active) ou une autre (Autre(s) présentation(s)).

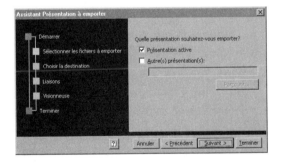

4. **Cliquez sur Suivant.**

   L'Assistant vous demande ensuite sur quel lecteur vous souhaitez effectuer la copie.

5. **Si nécessaire, changez la lettre du lecteur, puis cliquez sur Suivant.**

L'Assistant vous demande alors si vous désirez inclure les fichiers liés et les polices True Type. Il est recommandé de cocher ces deux options.

6. **Cliquez de nouveau sur Suivant.**

Enfin, l'Assistant vous demande si vous voulez inclure la Visionneuse.

Il est préférable d'inclure la visionneuse au cas où PowerPoint ne serait pas installé sur l'ordinateur de destination.

7. **Cliquez sur Suivant.**

Le dernier écran de l'Assistant apparaît.

8. **Introduisez une disquette dans le lecteur.**

9. **Cliquez sur Terminer.**

Copier la présentation sur un autre ordinateur

Comme il est impossible de visionner la présentation depuis la ou les disquettes, vous devez l'installer sur l'ordinateur de destination :

1. **Insérez dans le lecteur de l'ordinateur la disquette contenant la présentation.**

2. **Double-cliquez sur l'icône Poste de travail, puis sur celle du lecteur.**

3. **Double-cliquez sur l'icône Pgnsetup afin de lancer la procédure d'installation.**

4. **Suivez les instructions qui s'affichent à l'écran.**

Utiliser la visionneuse

Une fois la présentation installée, voici comment la visionner avec la visionneuse de PowerPoint :

1. **Double-cliquez sur l'icône de la visionneuse PowerPoint 2000 ; elle se trouve dans le dossier dans lequel la présentation a été copiée.**

   Le système copie la visionneuse sur le disque, puis vous demande si vous souhaitez lancer la projection.

2. **Cliquez sur le bouton Oui.**

   La projection démarre.

Partie 6

Access 2000

Access 2000 est un puissant gestionnaire de base de données, uniquement fourni dans la version professionnelle d'Office. Par conséquent, si vous possédez Microsoft Office 97 Standard, passez votre chemin.

Cette partie vous donne les fondements de création d'une base de données simple, de formulaires et d'états personnalisés, ainsi que des requêtes pour extraire de votre base les informations précises que vous désirez consulter. L'ouvrage *Access 97 pour Windows pour les Nuls* vous permettra d'entrer plus en détail dans le monde fabuleux d'Access.

Dans cette partie...

✔ Ajouter un champ à une table.

✔ Créer un état.

✔ Créer une nouvelle base de données.

✔ Créer une requête.

✔ Entrer et éditer des données.

✔ Utiliser l'Assistant Formulaire.

Assistant Formulaire

Une des meilleures fonctions d'Access 2000 est la possibilité de créer des formulaires personnalisés pour entrer ou modifier des données. Si vous êtes un fervent travailleur, vous pouvez passer des heures à concevoir vos formulaires. Si vous êtes malin (ou paresseux), vous concevrez un formulaire en quelques minutes grâce à l'Assistant dont l'usage est décrit dans les étapes suivantes :

1. **Choisissez Fichier/Ouvrir pour afficher la base de données à partir de laquelle créer votre formulaire. Cliquez sur le bouton Formulaires de la fenêtre Base de données, puis sur Nouveau.**

   La boîte de dialogue Nouveau formulaire apparaît.

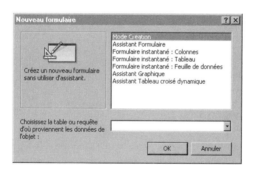

2. **Dans la liste proposée, sélectionnez Assistant Formulaire, puis choisissez une table ou une requête dans la partie inférieure de la boîte de dialogue. Cliquez sur OK.**

   L'Assistant Formulaire affiche la fenêtre suivante.

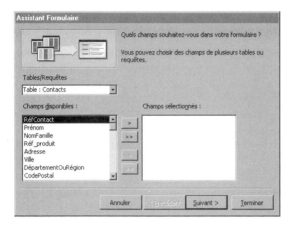

3. Sélectionnez les champs à inclure dans le formulaire.

Faites-les passer de la zone Champs disponibles à la zone Champs sélectionnés. Pour cela, double-cliquez sur le nom du champ, ou sélectionnez-le et cliquez sur le bouton >. Répétez l'opération pour chacun des champs à inclure.

4. Une fois tous les champs nécessaires sélectionnés, cliquez sur le bouton Suivant.

L'Assistant vous demande alors s'il doit organiser les champs du formulaire.

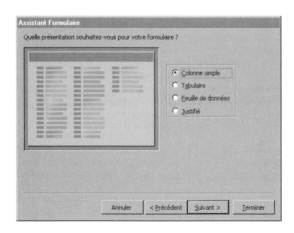

5. Choisissez la mise en page qui vous convient le mieux. Les options disponibles sont :

- **Colonne simple** : Les champs sont organisés en colonnes avec un enregistrement par formulaire.

- **Tabulaire** : Les champs sont organisés sous forme de tableau, avec une ligne Champ pour chaque enregistrement. Cette mise en page affiche plus d'un enregistrement à la fois.

- **Feuille de données** : La mise en page ressemble à celle d'une feuille de calcul. Là aussi, plus d'un enregistrement est affiché.

- **Justifié** : Cette mise en page organise les champs en grille, ajustant au mieux la largeur de chaque champ pour en afficher plusieurs à la fois. Ici, un seul enregistrement est visible.

6. Cliquez sur Suivant.

Il s'agit, à présent, de choisir le style du formulaire. Le style détermine l'image de fond et la présentation des éléments texte.

7. Sélectionnez un style, puis cliquez sur Suivant.

Vous parvenez ainsi à la dernière étape de l'Assistant.

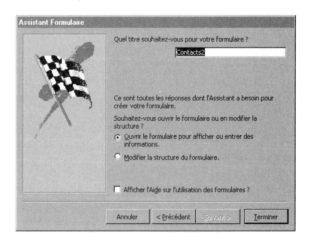

8. Donnez un titre au formulaire, puis cliquez sur Terminer.

L'Assistant entame la procédure de création qui aboutit à l'affichage d'une fenêtre semblable à celle-ci :

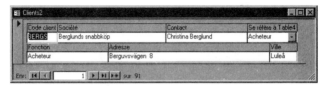

 Pour plus d'informations, voir *Access 2000 pour Windows pour les Nuls.*

Champs

C'est un exercice facile et fondamental. Voici comment procéder :

1. Affichez la fenêtre Base de données en fermant toutes les autres fenêtres ouvertes (Menu Général principal, feuille de données ou autre) en cliquant dans leur case de fermeture.

La partie gauche de cette fenêtre propose une série de boutons, intitulés Objets.

2. Si ce n'est déjà fait, cliquez sur le bouton Tables. Ensuite, sélectionnez, à droite, la table à laquelle vous souhaitez ajouter un champ et cliquez sur Modifier.

La fenêtre Table s'affiche.

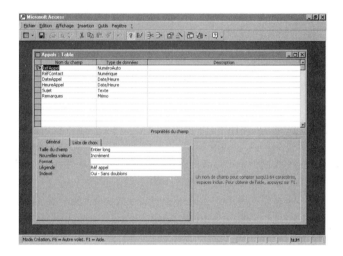

3. Cliquez dans la ligne où le nouveau champ doit être inséré.

Pour introduire ce champ après les champs existants, cliquez dans la première ligne vierge.

Si, à ce stade, vous sélectionnez un champ existant, le nouveau champ remplacera le champ sélectionné. Pour ajouter un champ sans affecter les champs existants, commencez par cliquer sur l'icône Insérer des lignes. L'activation de ce bouton provoque l'insertion d'une nouvelle ligne immédiatement au-dessus du champ sélectionné lors du clic.

4. Cliquez sur le bouton Créer de la barre d'outils Standard.

La boîte de dialogue Générateur de champ apparaît.

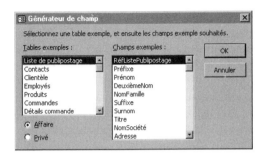

5. **Dans la liste de la zone Tables exemples, sélectionnez la table qui contient le champ à ajouter, puis sélectionnez ce champ dans la liste de la zone Champs exemples.**

6. **Cliquez sur OK.**

   Access 2000 ajoute le champ à la table et ferme la boîte de dialogue.

7. **Cliquez dans la case de fermeture de la fenêtre de création.**

8. **Access 2000 vous demande si vous souhaitez sauvegarder les modifications ; cliquez sur Oui.**

Nous venons de voir une définition automatique d'un champ. Si vous souhaitez ajouter manuellement un champ personnalisé inexistant par ailleurs, respectez les étapes 1 à 2 précédentes, puis faites ce qui suit :

1. **Pour insérer un champ après les champs existants, sélectionnez la première ligne blanche.**

   Pour l'insérer entre des champs existants, cliquez à l'endroit où il doit apparaître, puis activez l'icône Insérer des lignes de la barre d'outils Standard.

2. **Tapez le nom du nouveau champ dans la case Nom du champ.**

3. **Cliquez dans la colonne Type de données de ce champ.**

   Une flèche apparaît à droite.

4. **Cliquez sur cette flèche pour dresser la liste des types de champs.**

5. Sélectionnez le type souhaité.

6. Définissez si nécessaire ses propriétés dans la rubrique Propriétés, située dans la partie inférieure de la fenêtre. Cliquez dans une case et entrez-y la nouvelle propriété.

7. Cliquez dans la case de fermeture de la fenêtre.

8. Access 2000 vous demande si vous désirez enregistrer vos modifications ; répondez Oui.

Données

Une fois la boîte de dialogue créée, vous pouvez y entrer, fort heureusement de nouvelles données, mais aussi éditer des données existantes. Ces deux procédures varient selon le type de données, mais la technique générale reste la même :

1. Sélectionnez une des options d'entrée de données du Menu Général principal de la base de données.

   Par exemple, la figure ci-dessous montre le Menu Général principal d'un carnet d'adresses, dont la première option vous permet d'ajouter ou d'afficher des données.

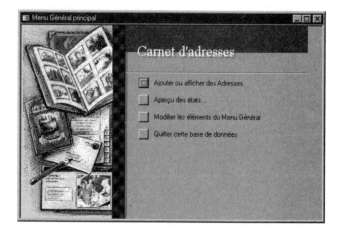

Cliquez sur cette première option pour accéder au
mode Formulaire :

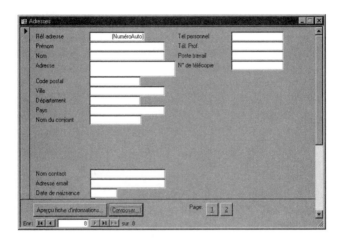

2. **Déplacez-vous de champ en champ via la touche Tab
   afin d'introduire les informations souhaitées.**

3. **Dès qu'un enregistrement est complet, cliquez sur le
   bouton Nouvel enregistrement. Tous les champs sont
   vides, prêts à recevoir de nouvelles données.**

4. **Lorsque vous avez terminé la saisie de toutes vos
   données, cliquez sur le bouton de fermeture (X) pour
   quitter le mode Formulaire.**

En bas de la fenêtre, les boutons de navigation vous
permettent de vous placer sur n'importe quel enregistrement afin d'en modifier le contenu. Voici un bref tableau
explicatif de la fonction de ces boutons :

Bouton de navigation	*Fonction*
	Affiche le premier enregistrement de la base de données.
	Place sur l'enregistrement précédent.

Bouton de navigation	**Fonction**
	Place sur l'enregistrement suivant.
	Affiche le dernier enregistrement de la base de données.

Pour effacer un enregistrement, utilisez les boutons ci-dessus pour vous y positionner. Ensuite, choisissez Édition/ Supprimer l'enregistrement. Un message vous est adressé. Pour confirmer votre intention, cliquez sur le bouton Oui.

États

C'est une opération très facile si vous utilisez les Assistants État, qui produisent différents types d'états selon les réponses données aux différentes questions qu'ils vous posent pendant la conception. L'exemple qui va suivre permet de créer un état simple de type tabulaire, dont le but est d'imprimer une liste d'enregistrements de votre base de données. Il y aura un enregistrement par ligne, et les champs seront alignés en colonnes :

1. **Choisissez Fichier/Ouvrir pour ouvrir la base de données à partir de laquelle créer votre état. Cliquez sur le bouton États, puis sur Nouveau.**

   La boîte de dialogue Nouvel état apparaît.

2. **Dans la liste proposée, cliquez sur Assistant État, puis sur OK.**

   La boîte de dialogue de l'Assistant État s'affiche.

3. **Sélectionnez les champs à inclure dans l'état.**

   Commencez par sélectionner la table qui contient les champs à inclure dans la liste déroulante Tables/Requêtes. Ensuite, double-cliquez sur le nom du premier champ, ou cliquez dessus une seule fois, puis cliquez sur >. Répétez l'opération pour les autres champs à ajouter. Le but est de faire passer les champs désirés de la liste Champs disponibles vers la liste Champs sélectionnés. Voici l'aspect de la boîte de dialogue après sélection de trois champs :

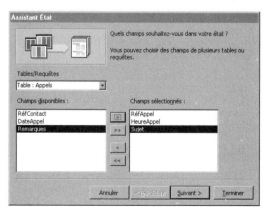

4. Une fois vos champs choisis, cliquez sur le bouton Suivant.

L'Assistant passe à l'étape suivante.

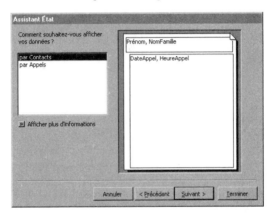

Cette fenêtre vous est proposée si vous avez sélectionné des champs issus de plusieurs tables ou requêtes. (Si tous les champs retenus proviennent d'une source unique, passez à l'étape 6.) Dans cette fenêtre, l'Assistant État vous demande de quelle manière vous souhaitez afficher vos données.

5. Validez une des options du volet gauche et appréciez-en l'effet dans le volet droit. Définissez l'organisation des données, puis cliquez sur Suivant.

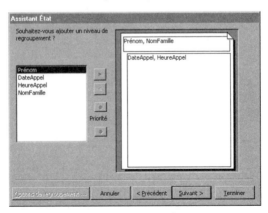

6. **L'Assistant vous demande si vous désirer ajouter un niveau de regroupement. Sélectionnez, à gauche, le premier champ appelé à servir de base au regroupement.**

   L'Assistant vous permet de définir quatre champs de regroupement. Utilisez les flèches vers le haut et vers le bas de la rubrique Priorité pour déterminer l'ordre de regroupement.

   Dans la partie inférieure gauche de la fenêtre se trouve un bouton intitulé Options de regroupement. Ce bouton vous permet de déterminer les *intervalles de regroupement* pour les champs de regroupement.

7. **Faites vos choix, puis cliquez sur Suivant.**

   L'Assistant s'enquiert à présent de l'ordre de tri.

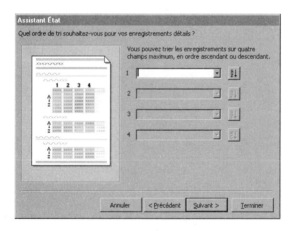

8. **Dans la première liste déroulante, sélectionnez le premier champ appelé à servir de clé de tri.**

   L'Assistant vous permet de désigner jusqu'à 4 clés.

   Si les données proviennent de plusieurs sources, un bouton supplémentaire fait son apparition dans la partie inférieure de la fenêtre, ouvrant une boîte de dialogue dans laquelle vous déterminez comment le rapport doit être traité. Agissez ici notamment pour calculer le total, la moyenne, la valeur minimale ou la valeur maximale de tous les champs présentant des valeurs numériques. Cliquez sur OK ; vous rejoignez l'Assistant.

9. **Cliquez sur Suivant.**

10. **Définissez ici la présentation du futur état : orientation Portrait ou Paysage, ajustement automatique de la taille des champs... Cliquez ensuite sur Suivant.**

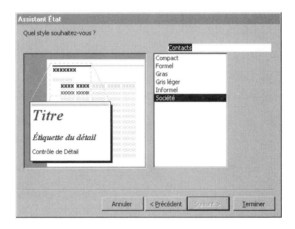

11. **Choisissez un style, puis cliquez sur Suivant.**

Vous parvenez ainsi à la fin de la procédure.

12. Donnez un titre à votre état si celui proposé par l'Assistant ne vous convient pas. Enfin, cliquez sur Terminer.

L'Assistant se met à l'oeuvre, puis affiche votre nouvel état dans une fenêtre semblable à celle-ci :

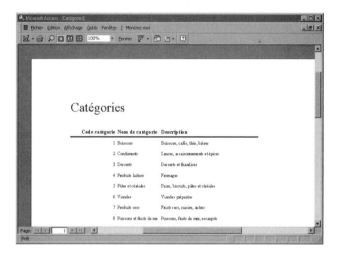

13. Pour imprimer l'état, cliquez sur le bouton Imprimer de la barre d'outils Standard.

14. Pour sauvegarder votre état, choisissez Fichier/ Enregistrer ou cliquez sur le bouton Enregistrer de la barre d'outils Standard.

Nouvelle base de données

Créer une base de données en partant de rien n'est pas une sinécure. Souvent, il faut de longues années de pratique et être un spécialiste de ce genre d'exercice. On pourrait dire que c'est un métier… D'ailleurs, c'en est un ! Le plus simple pour vous est d'utiliser la panoplie d'assistants pour créer une base de données qui servira de modèle à un travail plus personnel. Voici comment faire :

1. **Au démarrage d'Access 2000, une boîte de dialogue apparaît. Validez l'option Assistants, pages et projets de bases de données Access, puis confirmez par OK.**

La fenêtre Nouveau s'ouvre.

Si une base de données est déjà ouverte, fermez-la et accédez à cette même fenêtre en choisissant Fichier/ Nouveau ou en cliquant sur le bouton Nouveau de la barre d'outils Standard.

2. **Activez l'onglet Bases de données pour visualiser la liste des modèles disponibles.**

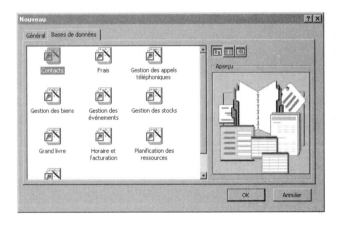

Les versions précédentes d'Access comportaient une base de données Carnet d'adresses. Cette option n'existe plus. Elle a été remaniée et rebaptisée "Contacts".

3. Sélectionnez le modèle souhaité.

4. Cliquez sur OK.

La fenêtre Fichier Nouvelle base de données s'affiche. Elle ressemble fort à la fenêtre d'ouverture.

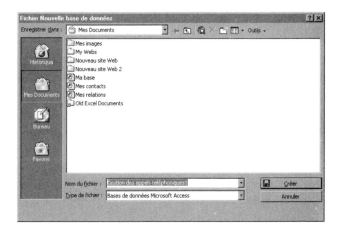

5. Désignez l'endroit où vous souhaitez stocker votre base de données. Dans la case Nom de fichier, donnez un nom significatif à votre base si celui proposé par défaut par Access 2000 ne vous satisfait pas.

6. Cliquez sur le bouton Créer.

Access 2000 se met à l'ouvrage ; après quelques instants, il affiche la première fenêtre de l'Assistant.

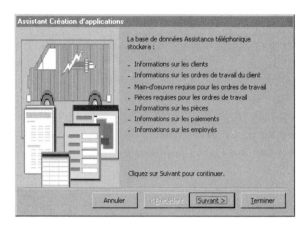

7. Pour lancer l'Assistant, cliquez sur Suivant.

L'Assistant propose, par défaut, d'inclure les champs dont les cases sont cochées, mais vous permet de modifier son choix.

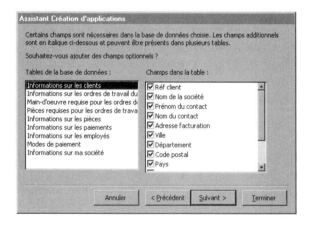

8. Consultez la liste Champs dans la table ; ajoutez et/ou supprimez des champs en activant ou en désactivant leur case.

Remarque : Si la base de données contient plusieurs tables, sélectionnez d'abord celle dont vous voulez définir les champs (zone Tables de la base de données).

9. Une fois satisfait de vos choix, cliquez sur le bouton Suivant.

L'Assistant Création d'applications vous demande de choisir un style de présentation pour les fenêtres de la base de données.

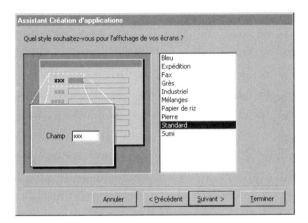

10. Sélectionnez un style, puis cliquez sur le bouton Suivant.

Vous devez à présent choisir le style à appliquer pour l'impression des états.

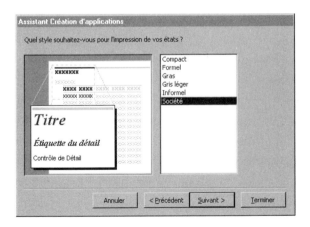

11. **Sélectionnez un style, puis cliquez sur le bouton Suivant.**

    L'Assistant sollicite d'autres précisions, notamment le nom à attribuer à la base de données.

12. **Dans la case prévue à cet effet, donnez un nom à la base si celui proposé par l'Assistant ne vous satisfait pas.**

13. **Pour inclure une image dans tous les états de la base de données, cochez la case Oui, je voudrais inclure une image. Ensuite, cliquez sur le bouton Image et sélectionnez le fichier.**

14. **Cliquez sur le bouton Suivant.**

    L'Assistant vous signale que la procédure touche à sa fin. Vous pouvez soit créer la base, soit demander que l'aide soit affichée.

15. **Cliquez sur Terminer.**

    Ayez un peu de patience, car l'Assistant doit créer les tables de la base de données, ses formulaires et ses états. Une fois ces tâches réalisées, Access 2000 ouvre la base.

Notez que l'Assistant créez et affiche un *Menu Général principal,* c'est-à-dire un menu personnalisé selon chaque base. Pour l'utiliser, il suffit de cliquer sur les boutons qu'il tient à votre disposition.

Pour vous en débarrasser, cliquez dans sa case de fermeture. Vous pouvez alors agrandir la fenêtre Base de données et exploiter directement les fonctions d'Access 2000.

Requêtes

Une requête est la plus puissante, mais aussi la plus difficile des fonctions de base de données. Voici ce que vous devez savoir avant tout :

- Quelles sont les tables concernées par la requête ?
- Quels sont les champs devant être affichés par la requête ?
- Quel est le critère à définir pour l'affichage d'enregistrements spécifiques ?

Voici une procédure rapide de création de requête :

1. **Ouvrez la base de données pour laquelle vous voulez créer une requête en utilisant Fichier/Ouvrir une base de données. Cliquez sur le bouton Requêtes de la fenêtre Base de données, puis sur Nouveau.**

   S'affiche alors la boîte de dialogue Nouvelle requête.

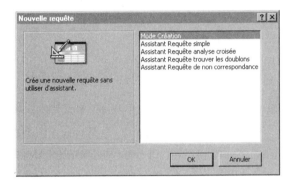

2. **Dans la liste des Assistants, choisissez Assistant Requête simple et cliquez sur le bouton OK.**

   La fenêtre suivante apparaît.

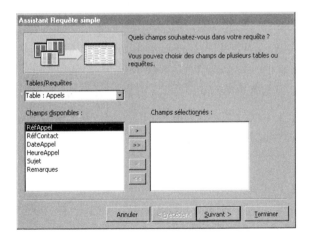

3. **Access est capable d'utiliser des données de tables différentes lors de l'élaboration d'une requête. Dans la liste déroulante Tables/Requêtes, sélectionnez la première table ou requête à inclure dans la nouvelle requête.**

   Les champs de cette table s'affichent dans la liste Champs disponibles.

4. **Sélectionnez tour à tour les champs à inclure dans la requête et expédiez-les vers la liste Champs sélection-nés grâce au bouton >.**

   Pour agir dans une autre table, répétez les étapes 3 et 4 ci-dessus.

5. **Cliquez sur Suivant.**

   Le contenu de cette fenêtre dépend des champs sélectionnés à l'étape précédente. Si vous avez intro-duit tous les champs d'une table, vous pouvez passer à l'étape suivante. Sinon, si votre requête n'inclut pas tous les champs d'une table ou d'une requête donnée, ou si vous avez retenu des champs appartenant à des tables ou à des requêtes différentes, la fenêtre pré-sente un autre aspect, vous proposant deux options d'affichage. Faites votre choix et paramétrez si néces-saire les options annexes.

6. **La dernière fenêtre de l'Assistant vous permet de baptiser votre requête et d'opter pour l'ouverture de la requête ou la modification de sa structure. Faites vos choix, puis cliquez sur Terminer.**

Une fois la requête enregistrée, vous pouvez l'exécuter à n'importe quel moment en activant le bouton Requêtes de la fenêtre Base de données, en sélectionnant son nom, puis en cliquant sur le bouton Ouvrir.

Pour en savoir plus sur les requêtes, consultez l'ouvrage *Access 2000 pour Windows pour les Nuls.*

Partie 7

Outlook 2000

 Cette partie traite d'Outlook 2000, le programme de gestion du temps d'Office 2000. Outlook propose une foule de fonctionnalités, allant du carnet d'adresses à l'agenda, en assurant, au passage, des services de messagerie électronique.

Dans cette partie...

✔ Créer et mettre à jour une liste d'adresses.

✔ Envoyer et recevoir des messages électroniques.

✔ Gérer les tâches.

✔ Organiser rendez-vous et événements.

Adresses

Outlook dispose d'un carnet d'adresses dans lequel vous pouvez consigner les coordonnées de vos collègues, amis et connaissances (adresse, numéro de téléphone, numéro de GSM, données diverses…). Pour utiliser ce carnet, cliquez sur le bouton Carnet d'adresses ou choisissez Outils/Carnet d'adresses.

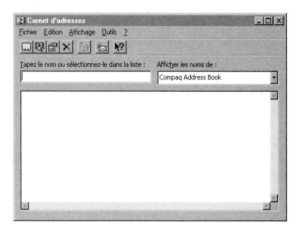

Agissez comme décrit dans les sections suivantes pour tenir à jour votre liste de contacts.

Ajouter

Pour ajouter un nom au carnet d'adresses Outlook :

1. Choisissez Fichier/Nouvelle entrée ou cliquez sur le bouton Nouvelle entrée de la barre d'outils.

La boîte de dialogue Propriétés s'affiche.

Propriétés de Nouveau : Adresse Internet Mail

Bureau | Téléphone | Annotations | SMTP - Internet

Nom complet
Prénom : Durant   Nom :

Adresse :   Titre :
    Société :
    Service :
Code postal :   Bureau :
Ville :   Assistant(e) :
Dép/Région :   Téléphone :   Composer...
Pays :   Bureau

Options d'envoi...

OK   Annuler   Appliquer   Aide

2. **Activez l'onglet Personnel, puis introduisez le nom du contact, des numéros de téléphone, adresse classique et adresse e-mail.**

   La partie inférieure de la fenêtre comporte une rubrique dans laquelle s'affiche l'adresse e-mail du contact.

3. **Les autres onglets vous permettent de prendre toutes sortes de notes concernant la personne en question.**

4. **Lorsque vous avez introduit toutes les données souhaitées, cliquez sur OK.**

   Le contact fait désormais partie de votre carnet d'adresses.

Vous pouvez aussi accéder à votre carnet d'adresses en cliquant sur le bouton Contacts du volet gauche de la fenêtre d'Outlook. Cet outil vous permet, lui aussi, d'ajouter des entrées et de les afficher, mais le format des données y est légèrement différent. Vous pouvez passer de l'affichage Carnet d'adresses à l'affichage Contacts chaque fois que vous le souhaitez. Les mêmes informations apparaissent aux deux endroits ; la seule différence se situe au niveau de l'affichage.

Mettre à jour

Si l'adresse ou toute autre information concernant une des personnes figurant dans votre carnet d'adresses change, opérez la mise à jour de la manière suivante :

1. **Cliquez sur le bouton Carnet d'adresses pour ouvrir ce carnet.**

2. **Cliquez deux fois sur le contact à modifier.**

   La boîte de dialogue Propriétés fait son apparition.

3. **Procédez aux modifications souhaitées dans les différents onglets de cette fenêtre.**

4. **Cliquez sur OK.**

   La fenêtre se referme ; les changements sont effectifs.

Calendrier

Voici une des fonctions essentielles d'Outlook. Ce calendrier permet un suivi de vos rendez-vous et des événements à venir. Pour l'afficher, cliquez sur l'icône Calendrier de la barre d'Outlook ou choisissez Aller à/Calendrier. Voici l'aspect du calendrier :

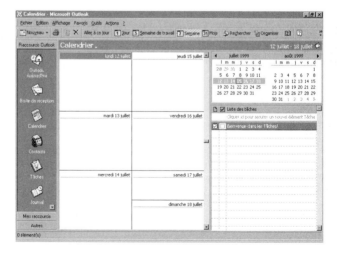

Les sections suivantes vous expliquent les procédures
majeures en vigueur dans ce module.

Lorsque vous aurez installé Microsoft Office 2000 sur votre
poste de travail, vous remarquerez peut-être qu'il existe
deux icônes, une pour Microsoft Outlook et une autre pour
Outlook Express. *Ces deux programmes sont différents* ;
nous traitons ici de Microsoft Outlook.

Annuler un rendez-vous

Suivez les étapes ci-dessous :

1. **Dans le calendrier, sélectionnez le rendez-vous à
   annuler.**

2. **Cliquez sur le bouton Supprimer.**

C'est fait !

Changer l'affichage

Quatre modes d'affichage sont à votre disposition : Jour,
Semaine, Semaine de travail et Mois. Pour accéder à l'un
d'entre eux, il suffit de cliquer sur le bouton correspondant
de la barre d'outils :

 Jour

 Semaine de travail

 Semaine

 Mois

La commande Affichage actuel du menu Affichage propose
un sous-menu qui vous permet de visualiser rendez-vous et
événements.

Déplacer un rendez-vous

Il suffit de le glisser-déposer à la nouvelle date ou heure :

1. **Affichez le calendrier dans un mode vous permettant de voir le rendez-vous et sa date.**

   (Voyez à ce sujet la section intitulée "Changer l'affichage", dans cette partie.)

   Ainsi, pour déplacer un rendez-vous vers une autre heure de la même journée, passez en affichage Jour. Pour le déplacer vers un autre jour de la semaine, passez en affichage Semaine.

2. **Cliquez sur le rendez-vous pour le sélectionner.**

3. **Faites-le glisser jusqu'à sa nouvelle date ou heure.**

 Une méthode moins intuitive consiste à double-cliquer sur le rendez-vous afin d'ouvrir la boîte de dialogue Rendez-vous et à modifier les zones Début et Fin (pour le jour et l'heure).

Fixer un rendez-vous

Voici comment créer un rendez-vous :

1. **Affichez le calendrier dans le mode que vous préférez.**

   Les modes Jour et Semaine sont les mieux adaptés pour entrer vos rendez-vous. (Pour plus d'informations à ce sujet, voir la section "Changer l'affichage".)

2. **Cliquez sur le jour où placer le rendez-vous.**

3. **Dans la zone qui détaille les horaires du jour sélectionné, cliquez sur l'heure à laquelle commence le rendez-vous.**

   Vous pouvez fixer la durée totale du rendez-vous en faisant glisser le pointeur de la souris (bouton gauche enfoncé) jusqu'à l'heure de fin supposée.

4. **Tapez une description de votre rendez-vous.**

   Par exemple, pour un rendez-vous jeudi midi au restaurant "La Tourelle" avec votre ami Pierre :

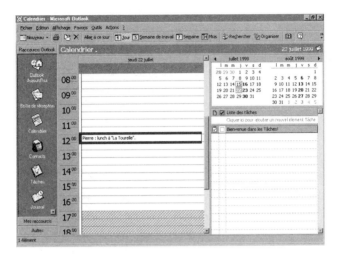

Organiser une réunion

Si vous travaillez en réseau, Outlook vous permet d'organiser électroniquement vos réunions de bureau, en réservant une tranche horaire où toute personne intéressée sera convoquée.

Voici comment procéder :

1. Choisissez Actions/Organiser une réunion.

La boîte de dialogue Organiser une réunion s'ouvre.

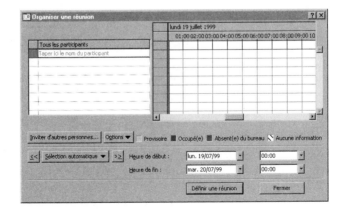

2. **Dans la colonne Tous les participants, tapez le nom des différentes personnes convoquées. Si vous cliquez sur le bouton Inviter d'autres personnes, vous ouvrez la fenêtre intitulée Sélectionnez les participants et les ressources dans laquelle vous pouvez accéder à une liste de contacts (ou, par exemple, à celle des personnes travaillant dans votre société) et y faire un choix. Cliquez ensuite sur OK.**

Outlook vérifie l'emploi du temps de chacun ; vous saurez rapidement qui pourra ou non être présent.

3. **Choisissez une tranche horaire où tout le monde est libre ou cliquez sur Sélection automatique pour que Outlook s'en charge à votre place.**

4. **Cliquez sur le bouton Définir une réunion.**

Outlook affiche la fenêtre Réunion.

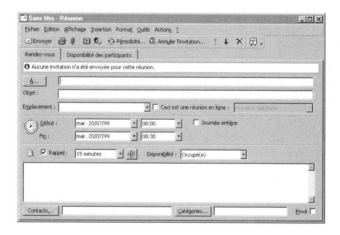

5. **Dans la zone Objet, tapez le sujet de la réunion. Dans la zone Emplacement, indiquez l'endroit elle se tiendra.**

6. **Envoyez vos invitations en cliquant sur le bouton Envoyer.**

Si quelqu'un vous convie à une réunion, vous en serez averti par un e-mail (courrier électronique). Cliquez sur le bouton approprié à votre décision quant à la participation à la réunion.

Planifier un événement

Un *événement* occupe une place déterminée dans votre calendrier, sans qu'un horaire y soit directement associé. Il en est ainsi pour les anniversaires, les vacances, etc.

Voici comment ajouter un événement :

1. **Affichez le calendrier dans le mode qui vous sied le mieux.**

   Voir : la section "Changer l'affichage".

2. **Cliquez sur la date à laquelle l'événement doit avoir lieu.**

3. **Choisissez Actions/Nouvel événement d'une journée entière.**

   La boîte de dialogue Événement s'ouvre.

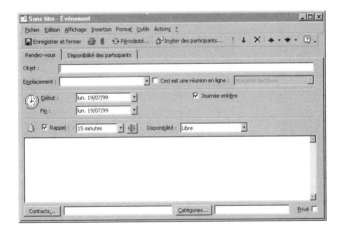

4. **Dans la case Objet, décrivez l'événement.**

5. **Si celui-ci s'étend sur plusieurs jours, modifiez en conséquence la date indiquée dans la case Fin.**

6. Cliquez sur le bouton Enregistrer et fermer.

L'événement prend place dans votre calendrier.

Voici un événement en affichage Jour :

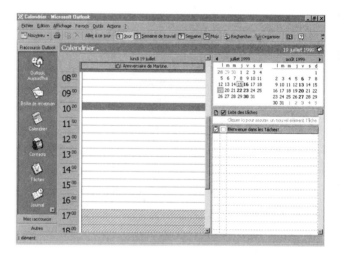

Planifier un rendez-vous périodique

Outlook vous permet de prévoir des rendez-vous périodiques, comme une réunion qui se tient un jour fixe de la semaine tous les quinze jours.

1. Suivez la procédure décrite dans la section "Fixer un rendez-vous" pour définir le prochain rendez-vous.

Admettons que vous réunissiez chaque semaine vos principaux collaborateurs le vendredi de 12h00 à 13h30.

2. Double-cliquez sur le rendez-vous afin d'ouvrir la fenêtre Rendez-vous.

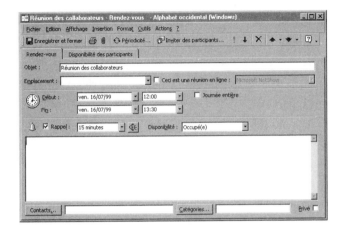

3. Cliquez sur le bouton Périodicité pour accéder à la boîte de dialogue du même nom.

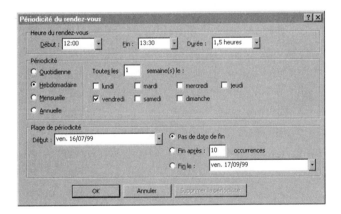

Par défaut, Outlook considère que la périodicité est hebdomadaire, et la tranche horaire fixe. Si ce n'est pas le cas, effectuez les modifications nécessaires.

4. Changez la périodicité, le jour, la fréquence, etc.

Lorsque vous modifiez la périodicité, de nouvelles options se présentent. Ainsi, passer d'une périodicité hebdomadaire à mensuelle vous permet d'indiquer, dans notre exemple, quel vendredi du mois aura lieu la réunion.

5. Cliquez sur le bouton OK, puis sur Enregistrer et fermer.

Outlook ajoute une icône spéciale indiquant la périodicité du rendez-vous.

E-mail

Outlook inclut une fonction intégrée d'e-mail qui permet d'envoyer et de recevoir du courrier électronique depuis divers fournisseurs d'e-mail (généralement des fournisseurs d'accès à Internet). Dans l'absolu, Microsoft laisse à penser qu'avec Outlook tout va pour le mieux dans le meilleur des mondes des e-mail. Nous verrons un peu plus loin que ce n'est vraiment pas toujours le cas.

Pour accéder aux fonctions de courrier électronique, cliquez, à gauche, sur l'icône Boîte de réception, ou bien transitez par le menu Affichage et sa commande Aller à/Boîte de réception. La boîte s'affiche.

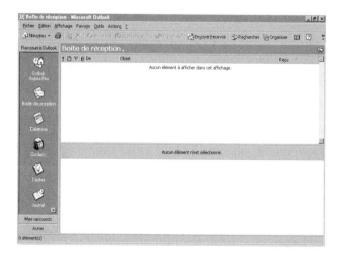

Les sections suivantes présentent les tâches e-mail essentielles que vous pouvez mener avec Outlook.

Envoyer un e-mail

Il s'agit cette fois d'envoyer un nouveau message :

 1. **Cliquez sur le bouton Nouveau message de la barre d'outils. La fenêtre suivante apparaît :**

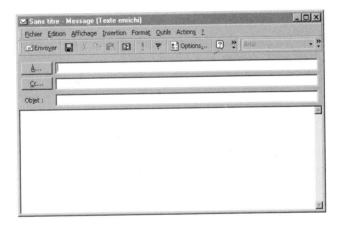

2. **Dans la zone A..., tapez l'adresse e-mail du destinataire. Pour la choisir dans le carnet d'adresses d'Outlook, cliquez sur le bouton A..., sélectionnez l'adresse électronique dans la liste et cliquez sur OK.**

3. **La zone Cc... vous permet de taper l'e-mail de toute personne à laquelle vous souhaitez destiner une copie du message. Pour choisir l'adresse électronique dans votre carnet d'adresses, procédez comme à l'étape 1 (mais en cliquant sur Cc...).**

4. **Dans la zone Objet, tapez le sujet de votre message.**

5. **Enfin, tapez le message dans la grande zone vierge de la fenêtre.**

6. **Cliquez sur le bouton Envoyer de la barre d'outils.**

Pour envoyer un fichier en même temps que votre message, cliquez sur le bouton Insérer un fichier. Dans la boîte de dialogue qui s'ouvre, choisissez votre fichier, puis cliquez sur OK.

Voir : les considérations relatives aux problèmes d'envoi d'e-mail dans la section "Répondre à un e-mail".

Lire un e-mail

Nous dirons, mais toujours avec quelques réserves, que c'est un jeu d'enfant. Pour lire un message, il suffit de double-cliquer sur celui-ci. Il apparaît alors sous cette forme :

Une fois le message lu (et compris), cliquez sur le bouton de fermeture de la fenêtre Message, ou sur un des boutons suivants pour accomplir l'action qui lui est attachée :

- Le petit triangle de droite déroule la liste des messages que vous avez reçus. Outlook vous permet d'opérer un tri par thème, de marquer les messages importants, d'organiser vos courriers en fonction de leur contenu. Utilisez ce menu pour choisir le message que vous souhaitez lire.

- Le petit triangle de droite déroule une liste dans laquelle vous pouvez sélectionner un message de la catégorie retenue.

- Ce bouton envoie une réponse à toutes les personnes de la liste.

- Ce bouton transfère le message à un autre destinataire.

- Ce bouton enregistre le message dans un dossier que vous désignez.

- Ce bouton supprime le message.

Répondre à un e-mail

Conformez-vous à ce qui suit :

1. **Cliquez sur le bouton Répondre.**

2. **Tapez votre réponse, le message d'origine étant conservé sous celle-ci. Vous pouvez le supprimer en le sélectionnant de manière traditionnelle, puis en pressant la touche Suppr.**

3. **Cliquez sur le bouton Envoyer.**

Attention ! Ce n'est pas parce que vous avez cliqué sur Envoyer que la réponse est parvenue au destinataire. Il suffit de consulter l'état de la boîte de réception d'Outlook pour s'en convaincre. En effet, de multiples paramètres empêchent un parfait synchronisme entre la gestion des e-mail et le monde extérieur. Si vous travaillez en réseau, votre administrateur saura résoudre un problème d'e-mail non transmis à un de vos collaborateurs. Par contre, si votre réponse doit passer par Internet, les choses se compliquent. Outlook doit travailler en étroite collaboration avec Microsoft Exchange, lui-même préférant Internet Explorer comme navigateur Web. Si Microsoft Exchange n'est pas correctement configuré, vous ne pourrez pas envoyer d'e-mail sur Internet. La faute n'en revient pas exclusivement à Microsoft. En effet, l'envoi d'e-mail se fait via ce qu'on appelle un *accès distant*. Cet accès vous est fourni par votre fournisseur d'accès Internet. Or, certains d'entre deux (et non des moindres) disposent d'un accès distant propriétaire dont il refuse de donner l'adresse DNS (qui vous est demandée lors de l'installation de Microsoft Exchange). Sans cette adresse, Outlook via Microsoft Exchange ne peut communiquer avec votre fournisseur d'accès Internet, et les fonctions d'envoi d'e-mail (passant impérativement par Outlook), quelle que soit l'application Office 97 utilisée, ne marcheront pas. La présente considération est valable pour la section "Envoyer un e-mail".

Tâches

Outlook vous permet d'établir une liste de tâches, mémo de vos réveils amnésiques. Un exemple :

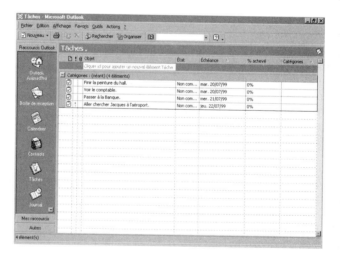

Noter une tâche

Ajoutez une tâche en procédant comme suit :

1. **Cliquez, à gauche, sur le bouton Tâches, puis, dans la barre d'outils, sur Nouveau.**

La boîte de dialogue Tâche s'affiche.

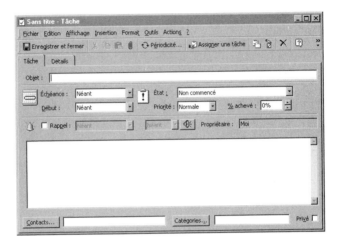

2. **Entrez, dans les différentes cases de cette fenêtre, les données relatives à la tâche en question.**

   Vous disposez de deux onglets. L'onglet Tâche vous permet de spécifier des données générales ; l'onglet Détails vous permet de consigner des infos relatives à l'évolution de la tâche. Utilisez-le si vous devez facturer vos prestations.

3. **Après avoir défini la tâche, cliquez sur Enregistrer et fermer.**

   C'est tout !

Confier une tâche

Outlook vous permet de créer une tâche, puis de la confier à une personne se trouvant sur le réseau, une fonctionnalité qu'apprécieront ceux qui doivent organiser du travail en équipe. Il faut savoir toutefois que, dès que vous confiez une tâche à quelqu'un, celle-ci, dans le chef d'Outlook, ne vous concerne plus. Vous pouvez la maintenir dans la liste des tâches, mais vous ne pourrez plus modifier aucun de ses paramètres. Seule la personne à qui vous avez délégué le travail peut en contrôler les détails.

Pour confier une tâche :

1. **Ouvrez la liste des tâches en cliquant sur le bouton Tâches dans le volet gauche de la fenêtre d'Outlook.**

2. **Cliquez sur le petit triangle à droite du bouton Nouveau de la barre d'outils et sélectionnez-y Demande de tâche.**

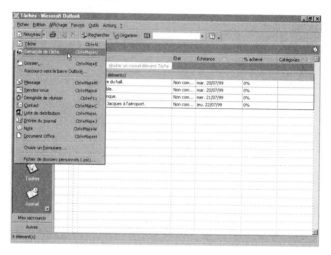

La fenêtre Tâche s'affiche.

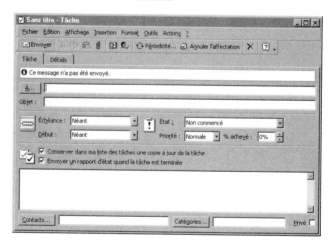

Cette fenêtre ressemble à d'autres fenêtres du programme, notamment à celle dans laquelle vous définissez des tâches.

3. **Entrez l'adresse e-mail de la personne à qui vous comptez confier la tâche dans la case A..., ou cliquez sur le bouton A... pour accéder au carnet d'adresses. Définissez la tâche dans la zone Objet et complétez les cases Échéance et Début. Enfin, affectez un état et une priorité à la tâche.**

4. **Validez l'option Conserver dans la liste des tâches une copie à jour de la tâche si vous souhaitez suivre l'évolution de la tâche. Pour être avisé au moment où elle sera exécutée, cochez Envoyer un rapport d'état quand la tâche est terminée.**

5. **Vous pouvez attacher un fichier à la tâche en cliquant sur le bouton Insérer un fichier.**

   Pour définir une tâche périodique, agissez dans la fenêtre correspondante, à laquelle vous accédez en cliquant sur le bouton Périodicité.

6. **Si nécessaire, entrez un texte explicatif dans la zone d'édition située dans le bas de la fenêtre.**

   Faites comme s'il s'agissait d'un message e-mail classique.

7. **Cliquez sur Envoyer.**

   Le destinataire reçoit votre demande.

   Outlook lui donne l'occasion de l'accepter ou de la refuser. Une fois qu'elle s'est prononcée, Outlook vous communique immédiatement sa décision.

Partie 8

Publisher 2000

Publisher est le logiciel de mise en page de Microsoft. C'est un programme puissant, capable de produire des documents professionnels. Jouissant d'une intégration Office totale, il met en oeuvre la plupart des conventions et des outils de Word 2000. Pour en savoir plus, n'hésitez pas à lire l'ouvrage *Publisher 2000 pour Windows pour les Nuls.*

Dans cette partie...

✔ Déplacer des illustrations.

✔ Disposer textes et images.

✔ Exploiter l'Assistant Composition à emporter.

✔ Faire appel aux Assistants.

✔ Formater.

✔ Importer du texte depuis d'autres applications.

✔ Introduire des illustrations.

✔ Utiliser des profils personnels pour travailler plus rapidement.

Assistant Composition à emporter

L'Assistant Composition à emporter est une nouvelle fonctionnalité de Publisher 2000. Il vous permet de regrouper une composition et tous ses fichiers annexes de manière à pouvoir la transmettre à quelqu'un d'autre. Inutile de vous souvenir de toutes les éventuelles liaisons qui s'y trouvent : l'Assistant s'en charge à votre place.

Pour mettre cet Assistant en service :

1. **Assurez-vous que la composition Publisher est terminée. Enregistrez-la.**

2. **Choisissez Fichier/Composition à emporter.**

3. **Validez une des options suivantes :**

• **A destination d'un autre PC** : Pour envoyer le fichier à un autre utilisateur ou pour le poster sur un serveur Web.

• **A destination d'un imprimeur** : Pour stocker les données dont l'imprimeur a besoin afin d'imprimer correctement le document.

La fenêtre de l'Assistant s'ouvre. Lors de cette première étape, il vous explique en quoi il peut vous être utile.

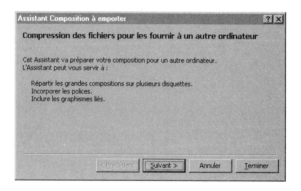

4. **Lisez les informations que renferme cette fenêtre, puis cliquez sur Suivant.**

La deuxième étape de l'Assistant vous permet de désigner l'emplacement où vos fichiers seront enregistrés. Si vous envisagez de déplacer physiquement la composition vers un autre poste, cliquez sur A:\. Vous pouvez ainsi opérer la sauvegarde sur disquette. Si vous comptez stocker le document sur votre disque dur ou le charger sur un serveur, utilisez le bouton Parcourir pour désigner le répertoire de destination.

5. **Faites vos choix, puis cliquez sur Suivant.**

Lors de cette étape, vous pouvez demander que les polices et les illustrations soient inclus dans la composition. Si vous comptez confier le document à un imprimeur ou la transférer sur un ordinateur qui ne communique pas avec le vôtre via un serveur, assurez-vous que les trois options de cette fenêtre sont validées. Si vous expédiez le fichier sur un intranet, vous pouvez vous contenter d'activer l'option Inclure les graphismes liés.

6. **Faites vos choix, puis cliquez sur Suivant.**

Vous parvenez ainsi à la dernière étape de l'Assistant ; il y récapitule les décisions que vous avez prises.

7. **Si tout est conforme à vos souhaits, cliquez sur Terminer.**

L'Assistant se charge du reste.

Assistants Composition

Publisher 2000 est livré avec plus de cent modèles de composition, doté chacun d'un Assistant. Certes, vous pouvez partir de zéro et décliner les services de ces Assistants, mais il est sans doute plus commode de partir d'une base solide que de partir de rien.

Pour créer un document à l'aide d'un de ces Assistants :

1. **Lancez Publisher.**

Le premier écran est celui du catalogue Microsoft Publisher. Il compte trois onglets : Compositions par Assistant, Compositions par style et Compositions vierges.

Si Publisher tourne déjà, vous pouvez atteindre cette fenêtre en choisissant Fichier/Nouveau. Le bouton Nouveau de la barre d'outils Standard ne convient pas, pour une raison que je m'explique mal.

2. **Activez si nécessaire l'onglet Compositions par Assistant.**

Le volet gauche dresse la liste des compositions disponibles ; le volet droit propose, dans chaque cas, plusieurs variantes.

3. **Sélectionnez, à gauche, la composition souhaitée.**

Certains types proposent une série de sous-types. Opérez alors une seconde sélection.

4. **Sélectionnez, à droite, la variante souhaitée.**

Vous retrouvez les mêmes types dans l'onglet Compositions par style. La différence entre les deux onglets est que vous pouvez, dans le second, opérer une présélection en fonction du style. Choisissez d'abord le style ; ensuite, le type.

5. **Cliquez sur Démarrer l'Assistant.**

Si c'est la première fois que vous vous en servez, une fenêtre vous demande d'introduire des informations relatives à votre profil.

Voir : "Profils personnels", dans cette partie.

6. **La première fenêtre de l'Assistant se borne à faire les présentations. Cliquez sur Suivant pour lancer la procédure.**

7. **A l'étape suivante, l'Assistant vous demande de choisir un jeu de couleurs. La partie droite de la fenêtre vous donne une idée de l'effet de la commande. Sélectionnez un jeu, puis cliquez sur Suivant.**

8. **Tout dépend ici du type de composition choisi. Ainsi, l'Assistant Composition rapide (qui vous permet de créer des documents élémentaires d'une seule page) vous demande de prendre une décision quant au contenu et à la disposition du document. Faites votre choix, puis cliquez sur Suivant.**

Les compositions multipages proposent, dans la partie inférieure de la fenêtre, une série d'icônes qui représentent les pages et qui vous permettent de naviguer facilement dans le document.

9. **Continuez la procédure, qui diffère évidemment selon l'Assistant en service. Cliquez sur Suivant pour passer d'une étape à l'autre. Cliquez sur Précédent pour faire marche arrière.**

10. **Cliquez sur Terminer.**

L'affichage classique s'active. Utilisez le volet Assistant pour modifier toute décision prise pendant la constitution du document.

Entre-temps, un bouton Masquer l'Assistant a fait son apparition en bas à gauche. Si vous cliquez dessus, l'Assistant s'éclipse, vous laissant ainsi davantage d'espace pour agir sur votre document. Vous pouvez toujours le rappeler si besoin est puisque, une fois activé, le bouton Masquer l'Assistant devient… Afficher l'Assistant.

Bibliothèque de présentations

La bibliothèque de présentations de Publisher vous permet de créer vos propres illustrations, que vous utiliserez ensuite pour agrémenter vos compositions. Pour ce faire, elle met à votre disposition une foule de modèles que vous pouvez personnaliser selon vos goûts et vos besoins. Vous pouvez accéder à cette bibliothèque depuis n'importe quel document Publisher. La présentation que vous choisissez est enregistrée ; vous pourrez donc l'utiliser aussi souvent que vous le souhaiterez.

Pour exploiter la bibliothèque de présentations, procédez comme suit :

1. **Ouvrez le document dans lequel vous souhaitez créer une nouvelle présentation.**

2. Choisissez Insertion/Bibliothèque de présentations ou cliquez sur l'icône Bibliothèque de présentations (elle se trouve dans la partie inférieure de la barre d'outils logée le long du bord gauche de l'écran de Publisher).

La bibliothèque de présentations de Publisher s'ouvre.

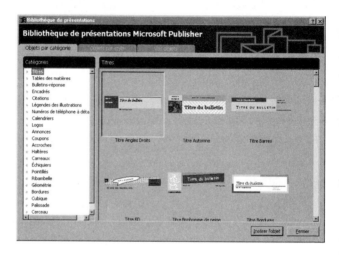

Cette fenêtre comporte trois onglets : Objets par catégorie, Objets par style et Vos objets. Utilisez ce dernier onglet pour stocker les éléments graphiques que vous avez créés au préalable ; vous les aurez ainsi sous la main pour vos prochaines compositions.

L'onglet Objets par catégorie vous permet de désigner le type d'objet souhaité. Vous avez le choix entre toutes sortes d'éléments (titres, encadrés, citations, logos, haltères...). A droite, des prévisualisations vous sont proposées.

Enfin, l'onglet Objets par style vous permet de sélectionner un style (pavés, damier, marbre...). Comme dans le cas précédent, vous disposez, à droite, d'un aperçu.

3. **Sélectionnez l'élément souhaité.**

4. **Cliquez sur Insérer l'objet.**

   L'objet est inséré dans le document.

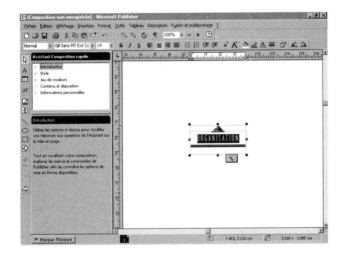

5. **Lorsque vous insérez l'objet dans le document, un bouton Assistant fait son apparition en dessous de l'objet et s'affiche chaque fois que vous agissez sur cet objet. Si vous cliquez sur ce bouton, la fenêtre de l'Assistant s'ouvre et vous propose différentes options vous permettant de modifier l'objet.**

Il arrive que le bouton Assistant n'apparaisse pas lorsque vous introduisez un objet. Si cela vous arrive, ne vous inquiétez pas. Cette absence signifie simplement que vous ne pourrez modifier l'objet par la suite, redimensionnement excepté.

Cet Assistant autorise quatre types d'actions :

- L'option Nouveau ou existant vous permet d'indiquer à l'Assistant que vous souhaitez introduire votre propre illustration. Elle est assortie, dans la partie inférieure de la fenêtre, de deux boutons radio. Si vous optez pour Fichier image que vous possédez déjà, l'objet se transforme en appareil photo. Cet outil fait office de réserve dans laquelle vous introduirez votre propre fichier graphique.

- Si vous avez sélectionné un objet et que celui-ci ne convient pas au document, vous pouvez utiliser l'option Style de l'Assistant pour changer l'aspect de l'objet.

Lorsque cette option est active, toutes les possibilités de l'onglet Objets par style sont disponibles.

- L'option Graphisme vous permet de signaler à l'Assistant que vous entendez inclure un emplacement réservé pour un graphisme. Si c'est le cas, cliquez sur Oui ; sinon, cliquez sur Non.

- Enfin, l'option Nombre de lignes vous permet de spécifier de combien de lignes de texte vous souhaitez disposer dans l'objet. Faites le choix qui vous paraît le plus judicieux ; vous pourrez toujours, par la suite, réinvoquer l'Assistant et opérer une modification, si nécessaire.

6. **A ce stade, vous vous retrouvez sans doute dans l'obligation de déplacer un ou plusieurs cadres du document afin de faire de la place au nouvel objet. Opérez les déplacements requis ; vous pouvez ensuite déplacer et redimensionner l'objet pour l'adapter à l'espace disponible.**

7. **Si vous souhaitez qu'un fichier graphique fasse partie de votre objet, cliquez sur le cadre graphique qui se trouve à l'intérieur.**

   Enfoncez la touche Suppr dans le but de vous débarrasser du cadre graphique. Vous pourrez ensuite introduire le fichier graphique via la méthode décrite dans la section "Illustrations", dans cette partie.

8. **Pour enregistrer votre objet afin de pouvoir le réutiliser dans d'autres documents, sélectionnez-le, puis choisissez Insertion/Ajouter la sélection à la Bibliothèque de présentations.**

   L'objet ainsi sauvegardé est disponible dans l'onglet Vos objets de la bibliothèque de présentations de Publisher.

Cadres

Lorsque vous ouvrez un modèle, chaque cadre (qu'il soit de texte ou d'image) est destiné à une fin particulière et présente une taille donnée, calculée en fonction de sa destination.

Régler la taille

Vous n'êtes pas contraint de subir les spécifications des concepteurs des modèles. Vous pouvez parfaitement modifier la taille d'un cadre de manière à l'adapter à son contenu, plus grand ou plus petit selon le cas. Pour ce faire :

1. **Tous les cadres sont bordés d'un trait fin. Cliquez dans le cadre.**

   Une série de carrés noirs apparaissent ; ce sont les *poignées de sélection*.

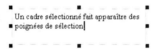

2. **Cliquez sur la poignée se trouvant du côté à paramétrer.**

   Le pointeur prend la forme d'une flèche double, complétée de la mention Taille.

3. **Opérez un cliquer-glisser dans la direction souhaitée, puis relâchez le bouton de la souris.**

4. **Si nécessaire, répétez l'opération pour les autres côtes de la sélection jusqu'à obtention de la taille et de la forme souhaitée.**

Supprimer

Si, sur le modèle que vous exploitez, se trouve un cadre dont vous n'avez rien à faire, supprimez-le :

1. **Opérez un clic droit sur le cadre à supprimer.**

2. **Choisissez Supprimer l'objet dans le menu contextuel correspondant.**

Grouper et dissocier

Il est pratique d'utiliser la commande Grouper pour
constituer un groupe de plusieurs cadres et pouvoir ainsi,
par la suite, les traiter solidairement. Elle est très utile
pour associer un cadre d'image à un cadre de texte qui lui
sert de légende.

Pour grouper deux ou plusieurs cadres :

1. **Enfoncez la touche Maj et cliquez sur les différents
   cadres à grouper. Ne relâchez cette touche que
   lorsque tous les cadres à traiter ont été sélectionnés.**

2. **Dans la partie inférieure de la sélection, un bouton
   Grouper les objets apparaît. Cliquez dessus ; le
   groupe est instantanément constitué.**

Pour rendre à chaque cadre son individualité :

1. **Cliquez sur un des membres du groupe.**

   Un bouton Dissocier les objets fait son apparition.

2. **Cliquez sur ce bouton.**

Cadres d'image

Il est facile de créer un cadre d'image et d'y introduire une illustration. La preuve :

1. **Réalisez une des actions suivantes :**

   Si vous souhaitez utiliser une illustration que vous avez créée vous-même, cliquez sur le bouton Outil Cadre d'image.

   Si vous désirez puiser dans la Clip Gallery, cliquez sur le bouton Outil Bibliothèque Clip Gallery.

2. **Placez votre pointeur à l'endroit où doit figurer l'angle supérieur gauche du futur cadre. Cliquez-glissez vers le bas et vers la droite ; relâchez ensuite le bouton de la souris.**

3. **Placez votre pointeur dans le cadre ainsi créé. Cliquez deux fois.**

   Si vous avez utilisé l'Outil Cadre d'image, la fenêtre Insert une image s'affiche. Sinon, c'est la fenêtre Insérer une image de la bibliothèque qui vous est soumise.

4. **Localisez l'image souhaitée, puis introduisez-la en suivant la procédure décrite dans la section "Illustrations", dans cette partie.**

Cadres de texte

Les cadres de texte peuvent être liés les uns aux autres de façon que le texte placé dans le premier s'écoule naturellement dans les autres. La fonction peut s'exécuter automatiquement (voir "Placement automatique") ou manuellement. En général, le placement automatique est la solution la plus pratique ; toutefois, dans certains cas, un placement manuel convient mieux :

1. **Introduisez le texte dans le premier cadre (voir "Importer du texte depuis d'autres applications" dans cette partie).**

Si le texte est plus long que le cadre, une fenêtre s'affiche, vous demandant si vous souhaitez activer le placement automatique. Répondez Non.

Dans la partie inférieure du cadre, un bouton s'affiche. Il vous signale que l'intégralité du texte n'a pas trouvé place dans le cadre.

2. **Choisissez Outils/Lier les cadres de texte ou cliquez sur le bouton Lier les cadres de texte de la barre d'outils Standard.**

Votre pointeur prend la forme d'un pichet.

3. **Déplacez-vous jusqu'au cadre dans lequel vous souhaitez voir apparaître le texte excédentaire. Cliquez dans ce cadre.**

Le texte s'écoule du premier cadre dans le deuxième.

4. **Si tout le texte ne peut être logé dans ce deuxième cadre, répétez l'opération vers un troisième cadre.**

Sans doute avez-vous remarqué, à l'étape 3, qu'un bouton a fait son apparition au-dessus du cadre lié ; il s'intitule Atteindre le cadre précédent. Dans une chaîne, tous les cadres intermédiaires affichent deux boutons de ce type, un pour atteindre le cadre précédent, l'autre pour atteindre le cadre suivant. Aux deux extrémités de la chaîne, seul un bouton équipe le premier cadre (pour atteindre le suivant) et le dernier (pour atteindre le précédent).

5. **Envisagez à présent d'introduire une remarque de continuation à la fin de chacun des cadres de la chaîne. Pour ce faire, cliquez dans le premier de la série.**

6. **Choisissez Format/Propriétés du cadre de texte. La boîte de dialogue correspondante s'affiche.**

7. **Validez l'option Inclure "Suite page..." de la rubrique Options.**

8. **Validez éventuellement l'option Inclure "Suite de la page..." de la même rubrique.**

9. **Cliquez sur OK.**

Vous pouvez à tout instant ajouter des cadres de texte à votre document :

1. **Cliquez sur l'Outil Cadre de texte.**

2. **Placez votre pointeur à l'endroit où vous désirez voir apparaître le cadre.**

3. **Cliquez et maintenez enfoncé le bouton de la souris.**

4. **Faites glisser jusqu'à obtention du cadre souhaité. Pour rectifier si nécessaire la taille et la position, agissez comme décrit aux sections "Cadres - Régler la taille" et "Déplacer" dans cette partie.**

Déplacer

Sur les modèles de Publisher, les cadres, en général, occupent des emplacements prédéfinis. Rien, pourtant, ne vous empêche de déplacer un cadre d'un endroit à un autre.

Voici comment vous y prendre :

1. **Chaque cadre est bordé d'un trait fin. Placez votre pointeur sur le trait ; il prend alors une forme particulière (une croix et un camion portant la mention "Déplacement"). Cliquez une fois sur le bouton gauche de votre souris.**

   Huit carrés noirs apparaissent ; ce sont les *poignées de sélection*.

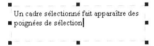

   Un cadre sélectionné fait apparaître des poignées de sélection

2. **Pour déplacer le cadre vers un autre endroit de la même page, passez à l'étape 3 ; pour le déplacer vers une autre page, cliquez sur le bouton Couper pour expédier le cadre en question vers le Presse-papiers. Gagnez la page cible, puis cliquez sur Coller.**

   Le cadre apparaît.

3. **Une fois le cadre sur la bonne page, placez votre pointeur sur son périmètre en prenant soin d'éviter les poignées de sélection. Cliquez-glissez pour l'implanter où bon vous semble.**

Disposer textes et images

L'une des tâches les plus délicates dans le travail de mise en page consiste à disposer harmonieusement les éléments qui composent les pages. Publisher se charge de cette mission à votre place.

Pour solliciter son aide :

1. **Cliquez sur l'objet à aligner.**

Pour aligner plusieurs objets simultanément, enfoncez la touche Maj et cliquez sur les différents objets à traiter.

2. **Choisissez Disposition/Aligner les objets.**

La boîte de dialogue Aligner les objets s'affiche.

3. **Opérez-y les réglages souhaités.**

Cette fenêtre comporte deux séries de quatre boutons radio. La première, Alignement de gauche à droite, vous permet de déterminer l'alignement de la sélection horizontalement, par rapport au bord gauche de la page, au bord droit, au centre.

La seconde, Alignement de haut en bas, prend en charge l'alignement vertical et vous permet de placer la sélection dans la partie supérieure, centrale ou inférieure de la page.

Pour placer la sélection le long des marges, assurez-vous que l'option Aligner sur les marges est active.

4. **Cliquez sur OK.**

Publisher s'exécute. Malheureusement, il ne va pas jusqu'à déplacer les autres objets qui, désormais, se trouvent éventuellement dans le chemin. A vous d'agir, au besoin en répétant la procédure décrite ci-dessus.

Éditer le texte

Certes, il est possible d'éditer le texte dans Publisher, mais je vous conseille de vous abstenir. Le programme, en effet, n'apprécie pas particulièrement qu'on farfouille dans ses cadres de texte. Je vous engage plutôt à réaliser dans Word vos différentes tâches d'édition avant d'importer le texte dans Publisher. Toutefois, pour les petites modifications de dernière minute, agissez comme suit :

1. **Opérez un clic droit dans le cadre de texte à éditer.**

2. **Choisissez Modifier le texte.**

Un sous-menu se déroule.

3. **Remarquez la présence, dans le bas de la liste, d'une commande intitulée Éditer l'article dans Microsoft Word. Si vous validez cette commande, Word ouvre le texte à éditer.**

4. **Opérez les changements souhaités.**

5. **Lorsque vous avez terminé, cliquez sur Enregistrer.**

En fait, vous ne sauvegardez pas le document Word, mais vous reportez les modifications sur le document Publisher.

Formater la composition

Le menu Format de Publisher varie selon que vous avez sélectionné un cadre de texte ou un cadre d'image. Certes, le mieux est d'effectuer la mise en forme dans le logiciel source, mais vous disposez malgré tout de commandes qui, au sein même de Publisher, vous permettent d'agir sur ces éléments. Les sections suivantes détaillent les manipulations possibles.

Formater les objets graphiques

Commande	Fonction
Recolorier l'image	Ouvre une fenêtre dans laquelle vous pouvez modifier la couleur de l'image. Vous pouvez vous limiter à une seule couleur, auquel cas les couleurs différentes de l'image d'origine sont rendues par des variations de teintes de la couleur choisie, ce qui provoque, immanquablement, une perte au niveau des détails. Cette option est à réserver aux dessins au trait et aux images monochromes ; elle permet aussi de préparer une image multicolore pour une impression monochrome.
Mettre l'image à l'échelle	Ouvre une fenêtre dans laquelle vous pouvez modifier la hauteur et la largeur de l'image, en pourcentages de sa taille actuelle. Les valeurs inférieures à 100 réduisent la taille de l'image ; celles supérieures à 100 l'agrandissent.

Commande	Fonction
Rogner l'image	Lorsque vous validez cette commande, votre pointeur prend une forme particulière lorsque vous le placez sur un des angles du cadre de l'image. Opérez alors un cliquer-glisser pour rogner l'image. Cette action n'a aucun effet sur la taille de l'illustration.
Couleur de remplissage	Ouvre une fenêtre dans laquelle vous pouvez modifier la couleur d'arrière-plan de l'image. Celle-ci n'est pas modifiée, seul le fond est affecté. On retrouve la même commande en matière de formatage de texte.
Style de ligne/bordure	Vous permet de définir l'épaisseur du trait qui constitue le périmètre du cadre d'image, voire de prévoir une bordure transparente. On retrouve également cette commande pour le formatage du texte.
Ombré	Ajoute à l'image un effet d'ombre portée. Cette commande ne s'applique pas à toutes les illustrations (notamment pas aux dessins au trait). On retrouve également cette commande pour le formatage du texte.
Taille et position	Ouvre une fenêtre dans laquelle vous disposez d'un contrôle plus pointu sur la taille et la position du cadre d'image. On retrouve également cette commande pour le formatage du texte.
Propriétés du cadre d'image	Ouvre une fenêtre dans laquelle vous pouvez activer une fonction d'habillage (le texte épouse la forme du cadre ou de l'image proprement dite). Cette commande vous permet aussi de contrôler la valeur des marges à l'intérieur du cadre.

Commande	Fonction
Jeu de couleurs	Cette commande vous permet de régler le jeu de couleurs du document tout entier, pas seulement du cadre d'image sélectionné. Elle vous donne accès à la boîte de dialogue Jeu de couleurs (celle à laquelle vous êtes confronté lorsque vous faites appel à l'Assistant Composition pour vous aider à créer un document), dans laquelle vous faites votre choix au niveau du document. On retrouve cette commande pour le formatage du texte.
Copier la mise en forme	Si vous sélectionnez un cadre, puis validez cette commande, les données relatives au formatage sont stockées et conservées en vue d'un usage ultérieur. On retrouve également cette commande pour le formatage du texte.
Appliquer la mise en forme	Après avoir utilisé la commande Copier la mise en forme, vous pouvez cliquer sur un autre cadre et employer la commande Appliquer la mise en forme pour modifier le format du nouveau cadre afin qu'il corresponde à celui du cadre que vous avez désigné avec Copier la mise en forme. On retrouve également cette commande pour le formatage du texte.

Formater les objets texte

Commande	Fonction
Police	Ouvre la boîte de dialogue Police. Elle ressemble très fortement à celle de Word et fonctionne de la même manière.
Espacement des caractères	Ouvre la boîte de dialogue Espacement des caractères, une fonction très importante dans les logiciels de mise en page. Cette fenêtre vous permet de contrôler la chasse des caractères du cadre sélectionné, ainsi que l'espace entre les caractères. Grâce à elle, vous pouvez paramétrer l'encombrement du texte dans un cadre donné.
Interligne	Ouvre la boîte de dialogue Interligne ; définissez-y le nombre de points devant séparer les lignes de texte.
Retraits et listes	La boîte de dialogue Retraits et listes vous permet de contrôler le type de retrait. Vous pouvez y spécifier l'alignement et la valeur du retrait ainsi qu'y opter pour une présentation automatique sous forme de listes à puces ou à numéros.
Lettrine	Ouvre la boîte de dialogue Lettrine ; faites vos choix parmi les styles disponibles (ils sont au nombre de sept).
Aligner le texte verticalement	Vous permet d'aligner le texte sur le bord supérieur ou inférieur du cadre, ou encore de le centrer entre ces deux extrêmes.

Commande	Fonction
Ajuster automatiquement le texte	Cette fonctionnalité très utile vous permet d'indiquer à Publisher que vous entendez faire en sorte qu'un texte donné tienne dans un cadre donné. Vous pouvez choisir Aucun (et utiliser la fonction de placement automatique si le texte est plus long que son cadre d'accueil), Ajuster (Publisher fera alors de son mieux pour présenter le texte dans l'espace imparti) ou Rétrécir le texte dans la zone de débordement uniquement (qui réduit la taille du texte et adapte la chasse de manière à respecter votre souhait).
Propriétés du cadre de texte	La boîte de dialogue Propriétés du cadre de texte vous permet de déterminer la valeur des marges à l'intérieur du cadre de texte. Elle vous permet aussi de stipuler le nombre de colonnes du cadre, d'activer l'habillage et d'inclure automatiquement des messages de continuation en mode de placement automatique.
Style de texte	Cette commande ouvre différentes fenêtres qui vous autorisent à appliquer un format différent au cadre de texte sélectionné. Se retrouvent ici des réglages que Word qualifie de mises en forme des caractères et des paragraphes.

Illustrations

Publisher traite les cadres d'image pratiquement comme les cadres de texte : chaque cadre est un objet que vous manipulez comme une seule entité. La différence entre ces deux types de cadres réside dans le fait que le fichier graphique peut être incorporé ou lié à la composition Publisher.

Dans le cas de la liaison, le fichier graphique reste un fichier distinct, que vous pouvez traiter indépendamment de la composition Publisher. En revanche, dans le cas de l'incorporation, le fichier graphique fait partie intégrante du document Publisher et ne peut être traité isolément. Si vous envisagez d'envoyer votre document à un service d'impression extérieur, Microsoft vous conseille de lier les illustrations plutôt que de les incorporer, tout simplement parce que ces services sont souvent amenés à régler la résolution et les couleurs de l'élément graphique avant de l'imprimer.

Incorporer une illustration

Pour incorporer une illustration dans un document Publisher :

1. **Cliquez dans le cadre dans lequel vous souhaitez placer l'image.**

   Si ce cadre n'existe pas encore, créez-le (voir "Cadres d'image", dans cette partie).

2. **Choisissez Insertion/Image.**

3. **Optez pour une image de la bibliothèque Clip Gallery ou pour un fichier graphique quelconque.**

Vous pouvez aussi opérer un clic droit sur le cadre de destination et choisir Modifier l'image/Image dans le menu contextuel. Le sous-menu contextuel propose les mêmes choix que le menu classique Insertion.

4. **Réalisez une des actions suivantes :**

   • Si l'illustration se trouve dans un fichier graphique, validez l'option A partir du fichier. Une fenêtre s'ouvre, dans laquelle vous pouvez parcourir l'arborescence de votre disque dur, à la recherche du fichier en question. Lorsque vous l'avez localisé, sélectionnez-le, puis cliquez sur Insérer. L'illustration est introduite dans le document.

- Si vous préférez utiliser une illustration de la bibliothèque d'image Clip Gallery d'Office 2000, optez pour Images de la bibliothèque. Celle-ci s'ouvre et vous permet de faire un choix parmi quelque 10 000 illustrations du domaine public.

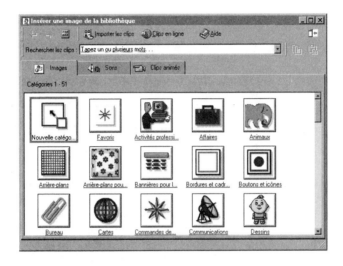

Localisez l'image qui vous intéresse, puis sélectionnez-la. Une petite liste déroulante apparaît ; cliquez sur Insérer le clip (le bouton du haut). L'illustration est introduite dans le document.

Lorsque vous insérez une image dans un cadre, elle s'adapte à la taille de celui-ci. Toutefois, si les proportions de l'image (le rapport largeur/hauteur) sont différentes de celles du cadre, c'est lui qui s'adapte ; les cadres voisins en font autant.

Lier une illustration

La procédure de liaison est assez similaire à la procédure d'incorporation, à quelques différences mineures près.

Pour lier une illustration à un document Publisher :

1. Cliquez dans le cadre dans lequel vous souhaitez placer l'image.

Si ce cadre n'existe pas encore, créez-le (voir "Cadres d'image", dans cette partie).

2. Choisissez Insertion/Image/A partir du fichier.

Publisher n'est pas capable de pratiquer la liaison avec les images de la bibliothèque Clip Gallery. Limitez-vous donc à lier des fichiers graphiques, sauf si vous n'avez pas peur de vous lancer dans une procédure interminable au terme de laquelle vous parviendrez peut-être à localiser, sur le disque, les fichiers correspondant aux cliparts de la bibliothèque. Avec ces cliparts, pratiquez plutôt l'incorporation.

3. Localisez le fichier graphique souhaité, sélectionnez-le, puis cliquez sur Insérer.

Un menu déroulant apparaît.

4. Cliquez sur Lier au fichier.

Une image basse résolution est importée dans le document ; un lien est établi avec le fichier original de sorte que tout changement apporté à ce fichier est automatiquement reporté sur l'élément lié de Publisher.

Importer du texte depuis d'autres applications

Certes, vous pouvez utiliser Publisher comme un traitement de texte et y saisir le texte de vos compositions. Toutefois, ce n'est pas là sa mission ; autant confier cette tâche à un programme spécialisé, Word par exemple.

Préparez-y donc vos textes, puis importez-les dans Publisher lorsqu'ils sont prêts. Introduisez-les dans un cadre de texte que vous pourrez ensuite traiter comme une entité unique.

Pour ce faire :

1. **Lancez Word et tapez le texte. Enregistrez régulièrement votre travail.**

   Éditez et formatez ce texte.

2. **Sélectionnez la partie à importer dans Publisher et choisissez Édition/Copier ou cliquez sur le bouton Copier de la barre d'outils Standard.**

   Une copie de la sélection est transférée dans le Presse-papiers.

3. **Lancez Publisher et ouvrez le document cible, localisez le cadre de texte de destination ou enfoncez les touches Ctrl+A.**

   Cette action clavier sélectionne l'intégralité du texte se trouvant à l'endroit désigné. Vous pouvez parvenir au même résultat en opérant un triple clic.

 Si vous agissez depuis Publisher et souhaitez y exploiter des documents Word que vous possédez déjà, il est inutile de lancer Word et d'y ouvrir le fichier source. Contentez-vous d'opérer un clic droit sur le cadre de texte cible et d'y choisir la commande Modifier le texte/Fichier texte. La fenêtre de l'Explorateur s'ouvre, vous permettant de désigner le fichier à importer. Double-cliquez sur son nom ; il s'affiche instantanément dans le cadre de texte désigné.

4. **Enfoncez la touche Suppr.**

   Vous vous débarrassez ainsi du texte qui se trouvait précédemment dans le cadre de destination et dont vous n'avez que faire.

5. Choisissez Édition/Coller ou cliquez sur l'icône correspondante de la barre d'outils.

Et c'est fait ! Enfin, presque. Parfois, vous devrez réfléchir davantage avant d'agir, surtout si le texte que vous avez désigné est plus long que le cadre dans lequel vous entendez le placer. Si c'est le cas, sachez que plusieurs possibilités s'offrent à vous, notamment recourir à la fonction de placement automatique, traitée dans la section suivante.

Placement automatique

Chaque cadre de texte est susceptible d'accueillir un certain nombre de caractères. Il est possible d'influencer ce paramètre en modifiant la taille du cadre, mais cette action ne suffit pas toujours. Dans ces conditions, n'hésitez pas à exploiter la fonction de placement automatique de Publisher 2000 :

1. Copiez et collez le texte dans le cadre de texte où vous souhaitez qu'il commence.

Si le texte est trop long, une fenêtre s'affiche, vous avisant que le texte ainsi introduit est trop long pour le cadre et vous demandant si vous désirez activer la fonction de liaison de cadres de texte.

2. Cliquez sur Oui.

Publisher active le cadre suivant et vous demande si vous souhaitez que le texte excédentaire y soit présenté.

Faites votre choix en fonction du type de publication. Ainsi, dans le cas d'une lettre d'informations, vous souhaiterez sans doute faire commencer plusieurs articles en page 1 et placer la suite sur les pages suivantes.

3. Dans la plupart des cas, cliquez sur Non.

Le programme active le prochain cadre de texte disponible et vous pose la même question. Il la répétera jusqu'à avoir placé tout le texte excédentaire.

Si le fait que des cadres de texte soient très proches l'un de l'autre ne vous gêne pas, cliquez sur Oui. Faites de même jusqu'à ce que tout le texte ait trouvé sa place.

Profils personnels

Publisher 2000 vous permet de créer un profil personnel que vous introduisez dans les documents de votre choix. Vous gagnez ainsi un temps précieux, vous dispensant de reproduire une même démarche à chaque création d'un nouveau document.

Pour exploiter cette fonctionnalité :

1. **Lorsque vous sollicitez un Assistant depuis la fenêtre Catalogue Microsoft Publisher, une boîte de dialogue intitulée Informations personnelles vous demande de fournir quelques renseignements vous concernant. Vous pouvez en profiter pour introduire ces données dans le document (si vous le souhaitez). Chaque fois que vous mettez votre profil à jour, vous pouvez retrouver cette fenêtre via la commande Édition/ Informations personnelles.**

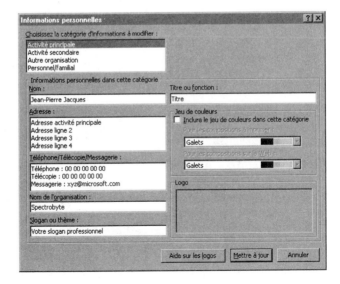

2. **Publisher vous permet de définir jusqu'à quatre profils, un par catégorie : Activité principale, Activité secondaire, Autre organisation et Personnel/Familial. Ces catégories sont regroupées dans la rubrique Choisissez la catégorie d'informations à modifier, dans la partie supérieure de la fenêtre. Sélectionnez la catégorie souhaitée.**

3. **Entrez toutes les informations requises. Si vous souhaitez ne pas fournir une information donnée, effacez le contenu de la case en question.**

4. **Vous pouvez spécifier le jeu de couleurs à assortir au profil et prévoir des jeux différents pour les compositions à imprimer et pour celles destinées au Web. Agissez pour ce faire dans la rubrique Jeu de couleurs.**

5. **Vous avez la possibilité d'ajouter un logo à vos informations personnelles. Il s'affiche dans la partie inférieure droite de la fenêtre.**

6. **Lorsque vous avez fourni tous les renseignements nécessaires, cliquez sur Mettre à jour.**

Publisher introduit les données dans le document selon les paramètres que vous avez définis.

Superposer

Publisher vous autorise à superposer les cadres de manière à créer arrière-plans, en-têtes et pieds de page, filigranes, bordures, etc.

Superposer sur une seule page

Pour agir sur une seule page :

1. **Ouvrez la composition concernée.**

2. **Placez l'objet sur la plage (voir "Illustrations" et "Importer du texte depuis d'autres applications" dans cette partie).**

3. **Réglez la taille et la position de l'objet (voir "Déplacer" et "Cadres - Régler la taille" dans cette partie).**

4. Choisissez Disposition/Mettre en arrière-plan ou cliquez sur le bouton Mettre en arrière-plan de la barre d'outils Standard.

5. Pour visualiser ou agir sur l'objet d'arrière-plan, choisissez Disposition/Mettre au premier plan ou cliquez sur le bouton Mettre au premier plan de la barre d'outils Standard.

Superposer sur toutes les pages du document

Les filigranes, en-têtes et pieds de page figurent normalement sur toutes les pages d'un document. Voici comment les introduire :

1. Ouvrez le document à traiter, puis choisissez Affichage/Passer à l'arrière-plan.

   Une page blanche s'affiche.

2. Introduisez l'objet sur la page (voir "Illustrations" et "Importer du texte depuis d'autres applications" dans cette partie).

3. Réglez la taille et la position de l'objet (voir "Déplacer" dans cette partie).

4. Choisissez Affichage/Passer au premier plan.

   L'arrière-plan disparaît au profit du premier plan.

Partie 9

Réaliser des tâches complexes

Les tâches que nous décrivons dans cette neuvième et dernière partie vont bien au-delà de la compétence de l'utilisateur moyen. L'avantage, c'est qu'elles s'implémentent de façon quasiment identique dans toutes les applications Office 2000. Certes, la procédure de mise en oeuvre dans Word diffère sans doute légèrement de celle en vigueur dans Publisher mais, d'une manière générale, les pratiques sont relativement similaires.

Dans cette partie...

✔ Créer des liens hypertextes pour atteindre des fichiers de données.

✔ Pratiquer l'incorporation d'objets.

✔ Pratiquer la liaison d'objets.

✔ Rédiger des macros pour prendre en charge les tâches répétitives.

Incorporation

L'*incorporation* est une technique qui permet d'introduire une partie d'un fichier produit par une application dans un fichier produit par une autre. C'est l'un des aspects de la technologie OLE dont bénéficient, depuis quelques années, les suites logicielles Office. Cette technologie vous permet d'introduire, dans un document Word, un graphique Excel, une table Access ou une illustration quelconque. Inversement, elle vous autorise à placer un texte produit par Word dans une feuille de calcul Excel ou dans un cadre de texte PowerPoint.

Les instructions données dans cette section vous expliquent comment opérer le transfert vers Word, Excel, PowerPoint et, dans une moindre mesure, Access. Publisher, pour sa part, fonctionne différemment ; pour savoir comment y pratiquer la liaison et l'incorporation d'objets, voyez la huitième partie.

 En matière de liaison et d'incorporation, vous devez impérativement connaître deux expressions clés (qui s'appliquent aussi dans le cas de la création de liens hypertextes) : l'expression *fichier source* désigne le fichier dans lequel vous sélectionnez l'objet à incorporer ; le *fichier cible*, quant à lui, désigne le fichier de destination.

 De préférence, n'incorporez que des fichiers de petite taille (inférieurs à une page) ; pour traiter des fichiers d'une taille supérieure, utilisez plutôt un lien hypertexte (voir "Liens hypertextes" dans cette partie).

Créer un objet incorporé

Office 2000 vous permet de créer un nouvel objet incorporé dans votre fichier cible, puis de spécifier le texte ou les données dont vous avez besoin. En fait, vous créez une zone où une autre application (l'application source) définit l'aspect et la mise en forme du fichier cible. Cette technique vous dispense de créer un fichier source annexe dans lequel vous introduiriez des données que vous n'utiliseriez que dans le fichier cible.

Imaginons que vous souhaitiez introduire, dans un document Word, un graphique Excel :

1. **Ouvrez le fichier cible et placez le pointeur à l'endroit où l'objet doit être inséré.**

2. **Sélectionnez Insertion/Objet.**

   La boîte de dialogue Objet s'affiche.

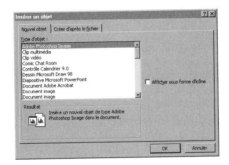

3. **Activez l'onglet Nouvel objet, déroulez la liste Type d'objet jusqu'à localiser l'application source (dans notre exemple, Graphique Microsoft Excel). Sélectionnez cette application, puis cliquez sur OK.**

4. **L'objet est introduit dans le document.**

   A ce stade, l'objet propose des données échantillons que vous pouvez éditer selon vos besoins.

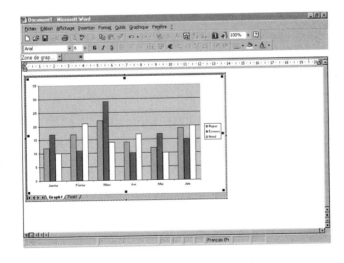

Voir : la section suivante, "Éditer et formater un objet incorporé".

Éditer et formater un objet incorporé

L'objet que vous avez incorporé à la section précédente n'a probablement pas la bonne taille, ni la bonne position ; les données qu'il affiche ne sont sans doute pas non plus conformes à vos souhaits. Suivez la procédure décrite ci-dessous pour remédier à la situation, que vous ayez créé un nouvel objet ou introduit un fichier existant.

1. **Cliquez sur l'objet incorporé pour le sélectionner. Ensuite, opérez un clic droit.**

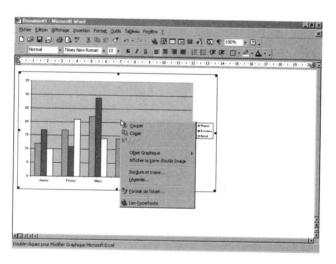

L'intitulé de la quatrième commande dépend de l'application source. Dans notre exemple, elle s'appelle Objet Graphique. Dans tous les cas, elle contient le mot "objet".

2. **Sélectionnez cette commande, puis choisissez Modifier.**

Le menu contextuel disparaît et vous remet face à face avec l'objet apparemment inchangé. Ne désespérez pas : vous n'avez rien fait de mal.

Opérez de nouveau un clic droit sur l'objet. Un nouveau menu s'affiche, dont le contenu est directement fonction de l'application source mais qui, en général, regroupe des commandes de mise en forme, d'accès aux données source, d'emplacement et de suppression.

Il s'agit là de la version miniature de l'application source, dépourvue toutefois de ses barres d'outils et de son environnement classique.

3. **Mettez en oeuvre les techniques de l'application source pour formater le document (voir le reste de cet ouvrage).**

Ce menu contextuel refait surface chaque fois que vous opérez un clic droit sur l'objet sélectionné. Vous pouvez bien sûr y accéder chaque fois que vous le souhaitez tandis que vous travaillez sur le document de destination, mais sachez qu'une fois incorporé l'objet n'a plus rien à voir avec son fichier source et que les modifications apportées à l'un ne sont en aucun cas répercutées sur l'autre.

Une fois l'objet paramétré selon vos désirs, il ne vous reste plus qu'à contrôler son aspect dans le fichier cible.

4. **Choisissez Affichage/Barres d'outils/Image pour accéder à la barre d'outils du même nom.**

5. **Utilisez les icônes de cette barre pour formater l'objet.**

La barre d'outils Image regorge d'outils. Ceux-ci diffèrent légèrement d'une application Office à l'autre ; le tableau suivant décrit les icônes communes aux divers programmes.

Bouton	Nom	Fonction
	Insérer une image	Vous permet d'introduire un fichier graphique depuis un répertoire de votre disque dur. Lorsque vous cliquez sur ce bouton, la fenêtre Insérer un image s'affiche. Localisez le fichier graphique souhaité, puis cliquez sur Insérer.
	Contrôle de l'image	Vous permet de contrôler les couleurs de l'objet incorporé. Vous avez le choix entre Automatique (réglages prévus par la machine), Nuances de gris (l'objet est reproduit en noir et blanc avec nuances de gris), Noir et blanc (comme son nom l'indique) et Filigrane (l'objet incorporé est à peine visible ; il est destiné, sous cette forme, à servir de fond à un texte ou à une image).
	Contraste plus accentué	Augmente le contraste entre les zones claires et foncées de l'objet. En général, les éléments qu'on imprime en noir et blanc doivent être plus contrastés que ceux qu'on affiche à l'écran ou qu'on imprime en couleurs.
	Contraste moins accentué	Réduit le contraste entre les zones claires et foncées de l'objet. Ce sont surtout les éléments graphiques qui ont besoin de contraste, beaucoup plus que les feuilles de calcul et les blocs de texte.
	Luminosité plus accentuée	Augmente la luminosité.

Bouton	Nom	Fonction
	Luminosité moins accentuée	Réduit la luminosité.
	Rogner	Vous permet de faire en sorte que certaines parties de l'objet ne soient pas visibles ou, au contraire, d'augmenter la zone qu'il occupe pour, dans un cas comme dans l'autre, permettre à l'objet de s'adapter à l'espace qui lui est alloué. Cliquez sur ce bouton, puis centrez le pointeur sur une des poignées de l'objet et cliquez-glissez vers l'intérieur ou vers l'extérieur.
	Style de trait	Déroule une liste de styles de trait dans laquelle vous pouvez faire votre choix.
	Habillage du texte	Déroule une liste proposant sept styles d'habillage différents, grâce auxquels vous pouvez contrôler la distance devant séparer l'objet du texte qui l'entoure.
	Format de l'image	Ouvre une boîte de dialogue comportant six onglets qui vous offrent les mêmes fonctionnalités que les boutons de la barre d'outils Image.
	Rétablir l'image	Rend à l'objet son aspect initial.

Incorporer un objet graphique

Les objets graphiques permettent d'agrémenter vos documents ; d'autant plus que la technique d'incorporation est simple :

1. **Ouvrez le fichier cible et placez votre pointeur à l'endroit où l'incorporation doit avoir lieu.**

2. **Choisissez Insertion/Image.**

   Un sous-menu s'affiche.

3. **Pour importer une image, choisissez soit Images de la bibliothèque, soit A partir d'un fichier.**

   Pour utiliser un clipart de la Clip Gallery de Microsoft, choisissez la première commande ; pour importer un fichier graphique, choisissez la seconde.

4. **Dans le premier cas, la Clip Gallery s'ouvre.**

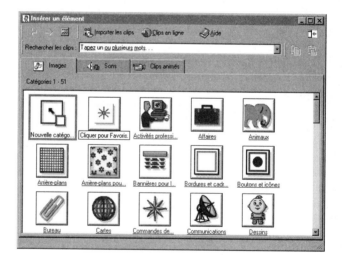

Elle vous propose plus de 10 000 images de toutes sortes. Dans la première fenêtre qui vous est proposée, vous avez accès aux catégories. Sélectionnez une catégorie ; vous avez alors, sous les yeux, les images qui la composent. Sélectionnez une image, puis cliquez sur la première icône de la petite palette que le clic fait apparaître ; elle s'appelle Insérer le clip. Fermez la fenêtre pour rejoindre votre document en arrière-plan.

Si vous optez pour A partir d'un fichier, une fenêtre s'affiche qui vous permet de balayer votre disque dur à la recherche du fichier souhaité. Lorsque vous l'avez trouvé, sélectionnez-le, puis cliquez sur Insérer.

5. **Agissez sur l'image, si nécessaire.**

   Voir : "Éditer et formater un objet incorporé", dans cette partie.

La plupart des images se formatent comme des objets incorporés classiques. Toutefois, les images bitmap (extension .bmp) fonctionnent différemment. Si vous opérez un clic droit sur une image de ce type et validez la commande Objet image bitmap/Modifier, la barre d'outils de Microsoft Paint s'affiche dans la partie gauche de l'écran (tant sous Windows 95 que sous Windows 98).

Incorporer un objet depuis un fichier existant

Lorsque vous incorporez un objet, il devient un élément à part entière du fichier cible, mais conserve malgré tout son aspect d'origine. Vous pouvez modifier cet aspect sans ouvrir la source. Voici comment vous y prendre :

1. **Ouvrez le fichier cible et placez le pointeur à l'endroit où le nouvel objet doit être introduit.**

2. **Choisissez Insertion/Objet.**

   La boîte de dialogue Insérer un objet s'affiche.

3. **Activez si nécessaire l'onglet Créer d'après le fichier.**

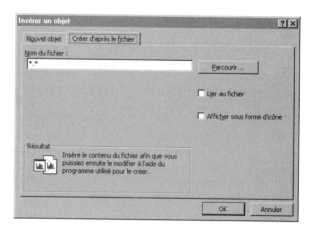

4. Cliquez sur Parcourir.

Localisez le fichier souhaité.

Si vous connaissez le nom et le chemin du fichier, inutile de cliquer sur Parcourir. Entrez directement cette information dans la case Nom du fichier. Cliquez sur OK lorsque vous avez terminé.

Si vous validez l'option Afficher sous forme d'icône, l'objet s'affiche dans le document sous la forme d'une icône. L'objet original n'est pas visible tant que vous n'imprimez pas le document cible. Impossible de manipuler ces icônes dans le fichier de destination. Si vous entendez modifier la source, assurez-vous que l'option Lier au fichier est active lors de l'importation. Il nous semble plus pratique de ne pas utiliser cette option et d'incorporer le fichier proprement dit.

5. Lorsque vous avez localisé la source, cliquez sur Insérer.

Vous rejoignez l'onglet Créer d'après le fichier ; le nom du fichier sélectionné apparaît dans la case d'édition.

6. Cliquez sur OK.

Le fichier est introduit dans le document sous la forme d'un objet incorporé.

7. **Adaptez-le si nécessaire.**

   Voir : "Éditer et formater un objet incorporé", dans cette partie.

Liaison

Copier des données d'une application vers une autre est chose facile. Mais que se passera-t-il si vous devez modifier la donnée ? Une simple copie vous oblige à parcourir tous les documents contenant la donnée pour la modifier. C'est une tâche insurmontable. La solution :*lier*. Grâce à cette technique, toute modification des données source se répercute automatiquement sur les fichiers cibles.

La liaison ressemble à l'incorporation, sauf que, quand vous liez, la source et la cible restent en contact. Si vous transmettez le fichier cible à quelqu'un d'autre, vous devez aussi lui transmettre la source, sinon le lien ne fonctionnera pas.

Créer un lien

Pour copier des données avec lien :

1. **Ouvrez la source du lien.**

2. **Sélectionnez les données en agissant via la souris ou via le clavier.**

3. **Choisissez Édition/Copier, pressez Ctrl+C, ou encore cliquez sur le bouton Copier de la barre d'outils Standard.**

4. **Ouvrez la cible.**

5. **Placez le point d'insertion à l'endroit où les données doivent être insérées.**

6. **Choisissez Édition/Collage spécial de manière à ouvrir la boîte de dialogue du même nom.**

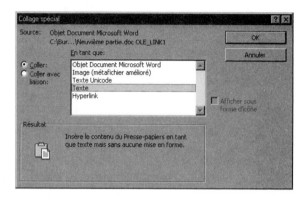

7. **Cliquez sur Coller avec liaison.**

8. **Cliquez sur OK.**

Chaque fois, par la suite, que vous ouvrirez le fichier qui comporte le lien, le programme s'assurera que les données liées n'ont pas subi de modification. Si elles ont changé, il les mettra à jour.

Rompre un lien

Si la liaison ne vous paraît plus utile, rompez-la comme ceci :

1. **Ouvrez le fichier cible.**

2. **Choisissez Édition/Liaisons. La boîte de dialogue du même nom apparaît.**

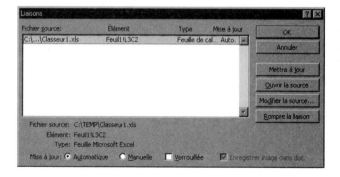

3. **Dans la zone Fichier source, sélectionnez le lien que vous désirez rompre.**

4. **Cliquez sur le bouton Rompre la liaison.**

5. **Confirmez votre intention en cliquant sur Oui.**

6. **Si les liaisons restent dans le document, cliquez sur le bouton OK pour fermer la boîte de dialogue. Si vous rompez le dernier lien existant, la boîte de dialogue se ferme automatiquement.**

 Le moyen le plus rapide de supprimer un lien est de cliquer sur l'objet pour le sélectionner, puis d'enfoncer la touche Suppr. Le fichier lié disparaît.

Liens hypertextes

Cerise sur le gâteau d'Office 2000 : par la création d'un lien hypertexte, vous établissez une relation interactive entre les applications Office ou affichez une page donnée du World Wide Web. Les liens hypertextes vous permettent de passer outre la notion d'objet OLE et de collage spécial. Vous pouvez, par exemple, créer un lien hypertexte dans une proposition commerciale créée sous Word 2000 et inclure un lien hypertexte qui, lorsqu'on clique dessus, ouvre une feuille de calcul Excel qui affiche les ventes réalisées sur une période déterminée.

 Tant en matière de liaison et d'incorporation qu'en matière de liens hypertextes, on parle de source et de cible. Pourtant, il existe une différence majeure, à savoir que, dans le cas de la liaison et de l'incorporation, vous introduisez le contenu d'un autre document (source) dans le fichier courant (cible). Les liens hypertextes fonctionnent, eux, à l'inverse. De fait, ils servent à transporter le lecteur vers un endroit donné (cible) depuis un document de départ (source).

Vous pouvez créer des liens hypertextes dans Word 2000, Excel 2000, PowerPoint 2000, Access 2000 ou depuis l'option Page Web de Publisher 2000. Pour créer le lien, suivez cette procédure :

1. **Ouvrez le document source (rappelez-vous : vous avez l'intention d'envoyer la personne vers un document cible) ; sélectionnez le texte ou l'objet à transformer en lien hypertexte.**

   Le texte est celui sur lequel l'utilisateur devra cliquer pour joindre la cible.

2. **Choisissez Insertion/Lien hypertexte ou cliquez sur le bouton Insérer un lien hypertexte de la barre d'outils Standard.**

   La boîte de dialogue Insérer un lien hypertexte s'affiche.

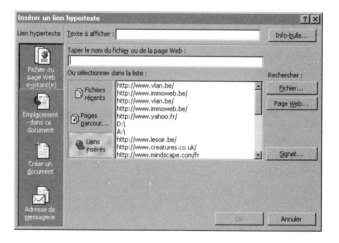

3. **Si vous n'avez rien sélectionné dans le document source avant d'appeler la commande, cliquez dans la case d'édition du haut, Texte à afficher, et tapez le texte qui déclenchera le lien. A droite de cette case figure un bouton appelé Info-bulle. Si vous l'activez, une autre fenêtre s'affiche, dans laquelle vous pouvez taper un texte qui apparaîtra près du pointeur, dans un phylactère, lorsque celui-ci sera positionné sur la source du lien.**

4. **Dans la partie gauche de la fenêtre se trouvent quatre boutons qui vous permettent de contrôler la destination du lien. Chacun d'eux ouvre, à droite, un volet différent dans lequel vous fixez cette destination.**

- **Fichier ou page Web existant(e)** : Pour que le lien ouvre un fichier ou une page Web. Cette option ne fonctionne qu'avec des fichiers auxquels votre ordinateur a accès (parce qu'ils se trouvent sur votre disque dur), auxquels il peut accéder via intranet ou qu'il peut localiser sur le Word Wide Web. Vous pouvez sélectionner un fichier, une page ou un signet ou préférer un fichier récent, une page parcourue, un lien inséré. Sélectionnez la cible, puis cliquez sur OK.

- **Emplacement dans ce document** : Dirige le lecteur vers un autre endroit du même document. Il se peut que vous deviez créer un signet pour que le lien hypertexte vous emmène exactement où vous voulez. Sélectionnez la cible, puis cliquez sur OK.

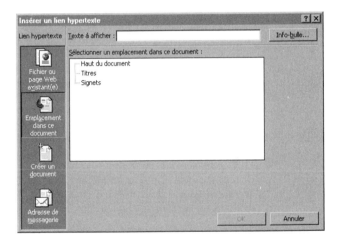

- **Créer un document** : Ouvre un nouveau document (de l'application courante) qui peut faire office de cible. Tapez simplement son nom dans la case Nom du nouveau document, cliquez sur Modifier pour indiquer dans quel répertoire ce document doit être stocké, puis confirmez par OK. Le nouveau document s'ouvre, le lien avec le fichier source étant établi d'emblée.

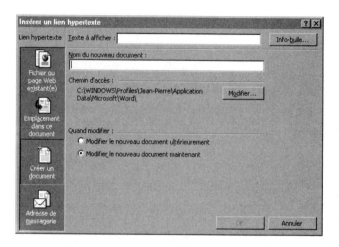

- **Adresse de messagerie** : Ouvre une fenêtre qui permet au lecteur d'envoyer un courrier électronique à une adresse de messagerie donnée en cliquant sur le lien hypertexte. Tout ce que vous avez à faire, c'est d'introduire l'adresse de la personne à qui transmettre le message, d'en spécifier l'objet (facultatif) et de confirmer par OK. Lorsque le lecteur cliquera sur le lien dans le document source, Outlook ouvrira sa fenêtre d'envoi de message dans laquelle l'adresse figurera déjà. Il suffira alors au lecteur de taper un message, puis de cliquer sur Envoyer. Il faut, bien entendu, que ce lecteur utilise Outlook Express comme système de messagerie ; sinon, le lien sera inopérant.

Macros

Les *macros* vous permettent d'enregistrer une succession d'actions qui s'exécuteront automatiquement en pressant sur une simple touche ou en cliquant sur un bouton. Des macros peuvent être définies dans Word 2000, Excel 2000, PowerPoint 2000 et Access 2000. La complexité des macros de ce dernier logiciel nous empêche de les traiter dans le présent ouvrage. Les autres programmes de la suite ne gèrent pas les macros.

Enregistrer une macro

Respectez les étapes suivantes :

1. **Pensez à ce que vous voulez faire, et assurez-vous que les tâches sont répétitives et souvent utilisées.**

2. **Choisissez Outils/Macro/Nouvelle macro pour ouvrir la boîte de dialogue Enregistrer une macro.**

   Le contenu de cette fenêtre varie légèrement en fonction du programme dans lequel la macro est créée. La figure suivante est la version Word.

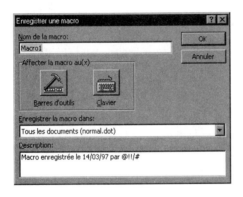

3. **Donnez un nom à votre macro dans la boîte Nom de la macro.**

4. **Choisissez d'où sera accessible la macro en sélectionnant soit Barres d'outils, soit Clavier.**

   Dans le cas d'une affectation de la macro à un raccourci clavier, une boîte de dialogue vous permet de définir les touches qui lanceront la macro. Une fois cette définition réalisée (par exemple Ctrl+F5), cliquez sur le bouton Attribuer, puis sur Fermer.

   Remarque : La possibilité d'assigner une macro à un raccourci clavier n'est possible que dans Word 2000. Une telle assignation dans PowerPoint 2000 ou Excel 2000 ne peut se faire que via Outils/Personnaliser.

5. **Si à l'étape 4 vous n'assignez pas de raccourci clavier, cliquez sur OK pour démarrer l'enregistrement de la macro.**

   Une petite barre d'outils apparaît.

6. **Pressez les touches, déroulez les menus et choisissez les commandes devant être enregistrées dans la macro.**

   Pour suspendre temporairement l'enregistrement, cliquez sur le bouton Pause ; cliquez à nouveau dessus pour relancer l'enregistrement.

7. **Une fois l'enregistrement terminé, cliquez sur le bouton Arrêter.**

Pour exécuter la macro, reportez-vous à la section suivante. Si elle ne fonctionne pas, recommencez l'enregistrement.

Pour supprimer une macro incorrecte, choisissez Outils/ Macro/Macros pour ouvrir la boîte de dialogue miracle. Sélectionnez la macro à effacer, puis cliquez sur le bouton Supprimer.

Exécuter une macro

1. **Choisissez Outils/Macro/Macros pour accéder à la boîte de dialogue du même nom.**

2. **Dans la liste, sélectionnez la macro à exécuter.**

3. **Cliquez sur le bouton Exécuter.**

Remarque : Si un bouton ou un raccourci a été affecté à l'exécution de la macro, il suffit de l'utiliser pour lancer la macro et ainsi éviter la boîte de dialogue Macros.

Partager des données entre programmes

Access 2000 propose plusieurs commandes spécialement prévues pour partager des données avec d'autres applications Office 2000. Les deux sections suivantes les décrivent. La dernière section de cette partie vous apprend comment passer d'une présentation PowerPoint à un document Word.

Fusionner avec MS Word

Commande particulièrement facile pour exécuter un publipostage dans Word 2000 à partir de données d'Access 2000. Procédez comme suit :

1. **Dans Access 2000, ouvrez la base de données qui contient la table à utiliser pour le publipostage.**

2. **Sélectionnez la table en question.**

3. **Choisissez Outils/Liaisons Office/Fusionner avec MS Word.**

   L'Assistant Fusion et publipostage MS Word entre en action.

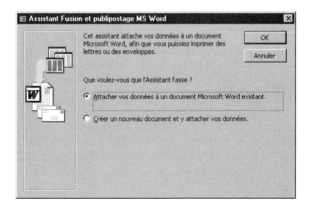

4. **Si la lettre que vous désirez utiliser pour le publipostage a déjà été créée, activez l'option Attacher vos données à un document Microsoft Word existant.**

5. **Une fenêtre s'ouvre, qui vous permet de sélectionner le document. Localisez-le, puis cliquez sur Ouvrir.**

6. **Si vous n'avez pas encore créé le document, validez l'option Créer un nouveau document et y attacher vos données, puis cliquez sur OK.**

   Word ouvre un nouveau document dans lequel vous pouvez taper votre lettre.

7. **La nouvelle fenêtre Word s'ouvre. La barre d'outils Publipostage est activée ; elle vous aide à mener la procédure à son terme.**

Certains de ces boutons sont connus des utilisateurs d'Access. Le tableau suivant décrit les principaux.

Bouton	*Nom*	*Fonction*
Insérer un champ de fusion ▾	Insérer un champ de fusion	Introduit un champ de fusion dans le document, au niveau du point d'insertion. Lorsque vous cliquez sur ce bouton, la liste des champs de la table Access se déroule.
Insérer un mot clé ▾	Insérer un mot clé	Permet d'utiliser des instructions conditionnelles. La liste de ces instructions s'affiche lorsque vous cliquez sur le bouton.

Bouton	Nom	Fonction
« » ABC	Mode publipostage	Affiche un exemplaire personnalisé du document. Utilisez les boutons de droite pour désigner cet enregistrement.
	Aide au publipostage	Ouvre une boîte de dialogue qui vous permet de créer ou de modifier le document principal, la source de données ou les options de fusion.
	Vérifier la fusion	Ouvre une fenêtre qui vous permet de demander que les erreurs de fusion soient signalées.
	Fusionner vers un nouveau document	Crée un nouveau document Word qui regroupe les exemplaires personnalisés, séparés les uns des autres par un saut de section.
	Fusionner vers l'imprimante	Envoie les exemplaires personnalisés directement à l'impression.
Fusionner...	Démarrer le publipostage	Ouvre la boîte de dialogue Publipostage qui vous permet de sélectionner les enregistrements à fusionner. Utilisez cette option si vous ne souhaitez pas fusionner tous les enregistrements de la base.
	Rechercher l'enregistrement	Ouvre une fenêtre qui vous permet d'effectuer une recherche sur la base d'un critère que vous définissez (par exemple, la personne dont le champ Nom contient "Durand").

Bouton	Nom	Fonction
	Modifier la source de données	Ouvre la table de la base de données afin de vous permettre d'y ajouter de nouvelles données ou d'y éditer des données existantes.

Exporter vers MS Word

Vous pouvez convertir une table, une requête, un formulaire ou un état Access 2000 en tableau Word 2000 via la commande Exporter vers MS Word :

1. **Dans Access 2000, ouvrez la base de données contenant l'objet à convertir en document Word 2000.**

2. **Sélectionnez l'objet à convertir (table, requête, formulaire ou état).**

3. **Choisissez Outils/Liaisons Office/Exporter vers MS Word.**

4. **Appréciez le résultat dans Word 2000.**

Article

Cette fonctionnalité intéressante vous permet de convertir une présentation PowerPoint 2000 en document Word 2000. Voici comment l'exploiter :

1. **Dans PowerPoint 2000, ouvrez la présentation à convertir.**

2. **Choisissez Fichier/Envoyer vers/Microsoft Word.**

Vous ouvrez ainsi la boîte de dialogue Article.

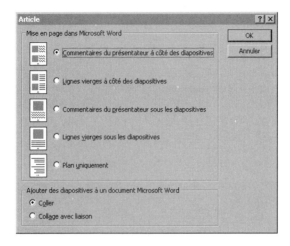

3. **Les différentes options sont des mises en page de la présentation dans Word 97. Pour en sélectionner une, cliquez sur son bouton radio.**

   Si vous activez l'option Collage avec liaison, toute modification intervenant sur une diapositive de la présentation se répercutera dans le document Word 2000 la contenant. Par contre, l'option Coller n'établit pas de liens dynamiques.

4. **Cliquez sur OK. Patientez le temps de la conversion.**

   Word 2000 affiche le résultat.

5. **Choisissez Fichier/Enregistrer si vous souhaitez sauvegarder le fichier converti.**

INDEX

N° d'Imprimeur : 40528
Dépôt légal : août 1999

Imprimé en U.E.